Rameswar Tiwari
Verwirklichte Ganzheit

Jagadguru Bhagwan Shankaracharya Swami
Brahmananda Saraswati Maharaj von Jyotirmath

Rameswar Tiwari

VERWIRKLICHTE GANZHEIT

Das wundersame Leben von

Shri Gurudeva

Alfa-Veda

Erstmals veröffentlicht unter dem Titel:
The Whole Thing the Real Thing
A brief biography of
SHRI GURUDEVA
Aus dem Hindi ins Englische
von Prem C. Pasricha
Delhi Photo Company, Delhi, 1977

Aus dem Englischen ins Deutsche
von Dr. Jens Petersen und Jan Müller
Glossar zusammengestellt von Mathias Müller, M.A.

© Copyright der deutschen Ausgabe 2023
Alfa-Veda Verlag, Oebisfelde
www. alfa-veda.com
ISBN 978-3-98837-011-2

Inhalt

Vorwort zur Hindi-Ausgabe

Wie kann man das Unbeschreibliche beschreiben, das Unendliche umschreiben, das, was jenseits aller Sprache ist, in Worte fassen? Dieses Buch ist nur ein unvollkommener Versuch, den Eifrigen und Andächtigen eine Person vorzustellen, die ein Inbegriff menschlicher Vollkommenheit war. Wie schwach dieser Versuch auch sein mag, seine Fertigstellung bringt ein Gefühl der totalen Begeisterung mit sich.

Rein, heilig und leuchtend war er für die Asketen ein Beispiel für Selbstbescheidung. Yogis sahen ihn – dessen Anblick schon aus der Ferne Frieden schenkte – in Einheit mit dem Göttlichen. Die Weisen empfanden ihn als ruhig, gelassen und in völligem Einklang mit dem Kosmos. Paradoxerweise erschien er dem Einsiedler zurückgezogen und dem Weltmenschen voller Engagement.

In safranfarbene Seidengewänder gekleidet, auf einem goldenen Thron sitzend, leuchtete er wie eine strahlende Sonne. Die Menschen um ihn herum spürten, dass von ihm Strahlen der zärtlichen Liebe, der unschuldigen Einfachheit und des anmutigen Mitgefühls ausgingen. Ohne sich um weltliche Dinge zu kümmern, brachte er dennoch seinen entschlossenen Willen ins Spiel. Jedes Wort, das er sprach, war mit einer Kraft aufgeladen, die die Herzen seiner Zuhörer gewann. Jeder, der mit ihm in Kontakt kam, ging mit dem Gefühl weg, Maharaj Shri am nächsten gewesen zu sein.

Er hatte nicht die Angewohnheit, lange Reden zu halten. Wann immer jemand in einer Gruppe ihm eine Frage stellte, antwortete er auf eine Weise, dass sich auch die Zweifel der anderen zerstreuten. Sie berichteten später, dass Shricharan ihre Fragen beantwortet hatte, ohne dass sie sie auszusprechen brauchten. Seine Persönlichkeit war voll von vielen solchen Besonderheiten, für die gewöhnliche Erklärungen unzureichend sind.

In seinen Erklärungen pflegte er in der Regel von seinen eigenen Erfahrungen zu berichten. Dies verlieh seinen Lehren eine Frische, die für seine Zuhörer unwiderstehlich war. Diesem Umstand ist es zu verdanken, dass wir seltene Einblicke in sein zurückgezogenes Leben erhielten. Dieses Buch ist in der Tat hauptsächlich eine Sammlung seiner Lebenserfahrungen, die er seinen vielen Anhängern erzählte und die sich davon Notizen machten. Daher kann diese Biografie bis zu einem gewissen Grad als eine indirekte Autobiografie bezeichnet werden. Wahrheitssuchern wird diese gewiss von Nutzen sein.

1. Der junge Asket

Ehre sei der allgegenwärtigen, allwissenden, allmächtigen Höchsten Seele, die Lord Rama in Ayodhya manifestierte, einem Ort, der im Herzen des heutigen Bundesstaates Uttar Pradesh in Nordindien liegt. Ehre sei dem Einen, der Swami Brahmanand Saraswatiji Maharaj in dem heiligen Dorf Gana, einem Ort nicht weit von Ayodhya, hervorgebracht hat.

Maharaj Shri wurde am Donnerstag, dem 21. Dezember 1870, in einer Saryuparin Panktipawan Gana Mishra Brahmin Samindar Familie geboren: hoch angesehen, bekannt, wohlhabend. Alle normalen Annehmlichkeiten und der Luxus des Lebens waren für ihn als Kind vorhanden. Aber wer wusste schon, dass er eines Tages Samt und Seide verschmähen und sich als höchster asketischer Yogi erweisen würde? Und wer wusste, dass dieser Yogi eines Tages den ehrwürdigen Sitz des Shankaracharya zieren würde?

Die frühen Jahre von Maharaj Shri waren sehr ungewöhnlich. Schon als Kind spürte er die Vergänglichkeit der Welt und hatte den Drang, ihr zu entsagen. Er kümmerte sich nicht um Routineangelegenheiten. Er liebte die Einsamkeit und reifes Verhalten. Wankelmütigkeit mochte er nicht. Sein seelenvoller, transzendentaler Blick beeindruckte jeden. Leckere Süßigkeiten oder modische Kleidung, die üblichen Vergnügungen und Unterhaltungen, Spielzeug und Kinderspiele, das alles interessierte ihn nicht. Zweckloses Gerede und ziellose Aktivitäten lehnte er ab. Grübelnd saß er da und war in seine eigenen Gedanken versunken. Über seine Ernsthaftigkeit und sein ungewöhnlich reifes Verhalten war die Familie verblüfft und sie begriff, wenn auch nur vage, dass sie es hier mit einer künftigen Berühmtheit zu tun hatte. Scharfe Intelligenz, logisches Denken, schnelle Entscheidungsfindung bereits im Alter von sieben Jahren!

In diesem Alter verlor er seinen liebsten Gefährten, Spielkameraden und Freund. Sein Großvater, einhundert Jahre alt, starb. Er durfte den Leichnam nicht sehen, aber ein Diener führte ihn zu einem Fenster, von dem aus er verfolgen konnte, wie der zugedeckte Körper seines Großvaters unter dem Gesang von »Raam

Naam Satya hej, Raam Naam Satya hej, Raam Naam Satya hej« weggetragen wurde.

Die Augen geschlossen, wie in einem meditativen Schlaf, ging sein Großvater, dem er nie wieder begegnen würde, für immer fort, und seine letzte Botschaft hinterlassend: »Ram Naam Satya hai: Herr, Dein Name ist Wahrheit. Herr, Dein Name ist Wahrheit. Herr, Dein Name ist Wahrheit.«

Die Gedanken des Kindes kreisten um den Tod. Sein Großvater, den er als sein Eigen betrachtet hatte, war gegangen. Einer nach dem anderen, dachte er, würden sie alle gehen: sein Vater, seine Mutter, seine Onkel und Tanten, alle seine Verwandten. Eines Tages würde er selbst tot sein. Wenn alle gehen müssen, wenn niemand ewig leben kann, was ist dann die Wahrheit? Was ist es, das dauerhaft ist? Was ist es, das bleiben wird? In seinen Ohren vibrierte laut der Klang »Raam Naam Satya hej – Herr, Dein Name ist Wahrheit.«

Tage vergingen, aber die Gedanken, die dieser Klang auslöste, hallten immer tiefer in ihm nach. Der Klang wurde unauslöschlich in seinem tiefsten Bewusstsein gespeichert und wurde der Refrain seines Lebens, sein Motto.

Er wurde mehr und mehr von der Trughaftigkeit dieser Welt überzeugt. Seine Eltern, die seine Melancholie ausschließlich auf den Tod seines Großvaters zurückführten, fragten sich, wie sie ihn trösten könnten.

Ein Jahr verging, er war acht Jahre alt. Die Upnayan-Zeremonie wurde nach den vedischen Riten ordnungsgemäß durchgeführt, die Heilige Schnur wurde um seinen Körper gelegt. Und er wurde nach Kashi (Benares, heute Varanasi) geschickt, um die Veden zu studieren. Im Laufe der Zeit übte das kulturelle Leben der alten Stadt einen immer stärkeren Einfluss auf ihn aus, sodass er beschloss, sein Leben ganz der spirituellen Entwicklung zu widmen, komme was wolle.

Die erste Prüfung sollte bald kommen. Gemäß den damals vorherrschenden Bräuchen der Brahmanen der hohen Kaste bemühte sich seine Familie nun eifrig darum, ihn zu verheiraten, was, wie sie glaubten, auch seine Weltabgewandtheit heilen könnte. Verwandte wurden nach Benares geschickt, um ihn zu diesem Zweck zurückzuholen. Ihm, der noch nicht einmal neun Jahre alt war und noch nicht einmal alle Milchzähne verloren hatte, wurde gesagt, er solle heiraten. Für die meisten Kinder ist das die Zeit, in der sie sich balgen und spielen, lachen und herumtoben, aber er sollte verheiratet werden!

Die Ehe und das damit verbundene weltliche Leben, auf das er so gerne verzichten wollte, drohten ihm. Es war eine große Krise für einen so jungen, aber geistig weit fortgeschrittenen Menschen. Er musste sich sofort entscheiden zwischen einem Leben der Sinnesfreuden, der körperlichen Annehmlichkeiten, des Luxus, der Befriedigung normaler menschlicher Wünsche und einem Leben der Askese, der Abgeschiedenheit und Entsagung, das auf der Beständigkeit der Wahrheit beruhte und Frieden, Gleichmut und Freiheit von Begierden versprach.

Der Weg war gewählt, die Entscheidung war getroffen. Der junge Asket in Kashi entsagte allen weltlichen Begierden und machte sich am nächsten Morgen auf eine einsame Reise am Ufer der Bhagirathi (des Ganges) flussaufwärts. Seinen Geist auf das innere Ziel fixiert, wanderte das Kind mit schnellen Schritten entlang dem Ganges.

Die Sonne ging auf, der sandige Weg wurde heißer und heißer, aber er ging weiter, unbeirrt, ruhig, bereit, sich allen Herausforderungen zu stellen.

Die Flussgöttin schlug ihm vor, in den hohlen Händen ein paar Schlucke heiliges Wasser zu trinken und eine Weile unter einem schattigen Baum zu rasten. Doch er erwiderte: »Mutter, nur durch deine Gnade kann ich diese lange Reise vollenden. Lass es mir nicht zur Gewohnheit werden, mich unterwegs aufzuhalten. Lass mich bald eine Höhle im Himalaya erreichen, wo ich sitzen und die Erfüllung meines Lebens finden kann.« Mit diesen Worten verneigte er sich vor der Göttin Bhagirathi und zog weiter.

Ohne Rast, ohne Schlaf, ohne Angst vor der trostlosen Nacht zog er weiter und weiter und weiter. Weiter und weiter. Weiter und weiter und weiter. Hungrig oder durstig, oder hungrig und durstig trank er ein paar Schlucke Gangeswasser aus der hohlen Hand und zog weiter. Weiter und weiter.

Ein Tag verging.

Zwei Tage.

Was für eine Prüfung legte das Schicksal jemandem auf, der noch so jung war; und gab ihm gleichzeitig die Stärke, die ihn befähigte, sie zu bestehen!

Am dritten Tag kurz vor Sonnenuntergang lief der junge Reisende immer noch weiter, sprang über Sträucher und wirbelte viel Staub auf, da bemerkte ihn ein Samindar (ein Dorfvorsteher) und fragte sich, wer das wohl sei und wohin er ging. Er schickte ihm zunächst seinen Diener hinterher, aber durfte er den jungen Reisenden, der so frei und zielstrebig unterwegs war, auf diese Weise beleidigen? Als der Diener unverrichteter Dinge zurückkam, machte sich der Samindar selbst auf den Weg.

»Wer bist du?« fragte er, als er ihn endlich eingeholt hatte.

»Warum willst du das wissen?«, kam die Gegenfrage. »Was ist deine Absicht?«

Der Samindar bat: »Ich möchte nur wissen, wer du bist und warum du so eilig und zu einer so ungewöhnlichen Zeit auf diesem rauen Pfad unterwegs bist.«

Der junge Asket sagte: »Du bist nicht in der Lage zu wissen, ob dies der richtige oder der falsche Weg, die richtige oder die falsche Zeit ist. Es reicht, wenn du weißt, dass ich von Kashi zum Himalaya reise, um zu meditieren. Geh und kümmere dich um deine eigenen Angelegenheiten und belästige mich nicht weiter.«

Der verblüffte Samindar nahm all seinen Mut zusammen und fragte schüchtern: »Maharaj, darf ich fragen, wann und wo du unterwegs um Essen gebettelt hast?«

Er bekam zur Antwort: »Bis jetzt war das Wasser der Ganga meine Speise und mein Getränk.«

»Dann komm, iss etwas und ruhe dich aus, bevor du weitergehst. Das wird mir Befriedigung verschaffen. Außerdem wird es langsam dunkel.«

»Ich werde bei niemandem an die Tür klopfen, um etwas zu essen zu bekommen. Was die Befriedigung angeht, so kann ich nicht glauben, dass es dir Befriedigung verschaffen würde, wenn du mir eine Mahlzeit gibst. Befriedigung bedeutet, dass keine Wünsche übrig bleiben und danach keine Wünsche mehr aufkommen.

Dadurch, dass du mir Almosen gibst, kannst du diese Befriedigung nicht erreichen. Sie kann nur eintreten, wenn du das ursprüngliche Sein erfährst, durch dessen Kenntnis alles andere erkannt wird und durch dessen Erreichen nichts unerreichbar bleibt. Trachte also lieber nach dem, wodurch du wirkliche Befriedigung erlangst.«

Was für eine glorreiche Philosophie aus einem so unschuldigen Mund! Der Samindar staunte über das Ausmaß an Gelehrsamkeit, das in der Einrichtung herrschen musste, die solche Worte aus dem Mund eines Jungen hervorbrachte.

Am Flussufer wurde Milch ausgeschenkt. Unser junger Philosoph schüttete zwei Drittel davon als Dankopfer für das Wasser, das er in den letzten drei Tagen getrunken hatte, in den Fluss. Die Flussgöttin war hocherfreut und erteilte ihm ihren Segen: Er sollte nie wieder seinen Hunger allein mit Wasser stillen müssen.

Und so geschah es, dass er in den vielen Jahren, die er in einsamen Höhlen, dichten Wäldern oder kargen Ebenen verbrachte, nie um Nahrung betteln musste, denn sie kam immer reichlich in der einen oder anderen Form. In dunklen, trostlosen Nächten im Wald erhielt er oft Töpfe mit Sahne und Körbe mit Früchten aus dem Nichts – von irgendwoher.

Weiter ging die Reise in den Himalaya, das gewundene Ufer des Ganges entlang. Er sprach seine Abendgebete, wie es seine tägliche Praxis war. Wenn er Hunger verspürte, aß er ein paar Blätter oder was immer er gerade fand und für essbar hielt. Wenn er durstig war, trank er das heilige Wasser. Wenn er sich müde fühlte, schlief er oder ruhte unter einem schattigen Baum.

Das spirituelle Feuer, das in ihm brannte, verlieh seinem Körper eine Ausstrahlung und einen Glanz, der jeden anzog, der seinen Weg kreuzte. Manche sahen in ihm einen modernen Dhruva, manche einen modernen Prahlada. (Dhruva und Prahlada waren alte indische Kinderheilige). Ein Tag verging. Eine Nacht verging. Die Reise ging immer weiter. Nach drei weiteren Tagen bemerkte er, dass der Fluss sehr viel breiter geworden war. Er war am Sangam, dem Zusammenfluss der Flüsse Ganges und Yamuna angekommen. Von den Leuten erfuhr er, dass er sich in Prayag (Allahabad) befand.

Von seinem Großvater hatte er vom heiligen Zusammenfluss der drei Flüsse Ganges, Yamuna und Saraswati, dem Triveni gehört. Mit großer Hingabe nahm er ein Bad an diesem heiligen Ort. Dann zog er weiter.

Als er sich müde fühlte, setzte er sich am Dashashwamedh Ghat in der Nähe des Flussufers auf eine Holzplanke. Als er dort saß und meditierte, kam nach einer Weile ein Fremder und ließ sich in der Nähe nieder. Beide blieben lange Zeit reglos sitzen. Der Fremde sah, wie sehr sich dieses Kind von anderen Kindern seines Alters unterschied. Es sah erschöpft aus, und doch lag ein Strahlen auf seinem Gesicht. Der Fremde holte ein Blatt Papier aus der Tasche, schaute darauf und betrachtete erneut die Gesichtszüge des Kindes. Dann kam er ganz nahe heran und setzte sich neben das Kind.

Der junge Asket war über dieses Verhalten etwas befremdet und schaute ihn neugierig an. Der Mann holte noch einmal das Papier aus seiner Tasche und legte es dem Kind vor.

Der junge Asket: »Was ist das?«

»Dein Vermisstenanzeige.«

»Wer sind Sie?«

»Ich bin Polizist.«

»Was wollen Sie von mir?«

»Das ist deine Beschreibung. Du bist von zu Hause weggelaufen.«

»Kein Grund, viel zu reden. Das ist nur eine Vermisstenanzeige, nicht wahr?«

»Ja.«

»Wer auch immer Ihnen diese Vermisstenanzeige gegeben hat, sagen Sie ihm, dass ich hier bin. Wenn jemand ein Tier vermisst, gibt er der Polizei eine Beschreibung. Aber ich bin jemandes Sohn. Gehen Sie hin und geben Sie ihm Bescheid, dass ich hier bin. Wenn er will, sollen er mich hier abholen.«

Polizist: »Ja, natürlich, ich werde die Nachricht übermitteln. Aber sag mir doch: Warum bist du von zu Hause weggelaufen?«

Der junge Asket: »Eine gute Frage: Warum bist du von zu Hause weggelaufen? Ich frage Sie: Warum gehen Sie nicht von zu Hause weg?«

Für eine Weile vergaß der Polizist, wer er war. Er staunte über die philosophische Logik der Antworten des kleinen Jungen. »Jeder bleibt zu Hause, weil es dort bequem ist. Warum hast du die Bequemlichkeit deines Zuhauses verlassen? Warum wanderst du an einem so heißen Nachmittag ruhelos am Flussufer umher?«

»Gehen Sie, lieber Mann, kümmern Sie sich um Ihre eigenen Angelegenheiten. Gehen Sie und genießen Sie die Annehmlichkeiten Ihres Zuhauses. Denken Sie vielleicht, im Schoße von Mutter Ganga oder auf dem Sand oder an einem stillen Nachmittag in der Wildnis wandere ich ruhelos umher? Oder genieße ich vielmehr die Glückseligkeit des Lebens? Das werden Sie nie verstehen.«

Der Polizist fühlte sich gemaßregelt und bekam großen Respekt vor dem jungen Asketen.

»Du bist noch sehr jung, aber du scheinst zu einer sehr angesehenen Familie zu gehören. Wenn du so herumläufst wie ein Waisenkind, fühlst du dich dann nicht beschämt?«

Der junge Asket: »Es stimmt, ich bin noch klein. Aber Sie halten sich für groß, nicht wahr? Und obwohl Sie groß sind, verstehen Sie immer noch nicht, wer ein Waisenkind ist und wer nicht. Wenn Sie ein wenig darüber nachdenken, dann sehen Sie, dass die allgegenwärtige, allmächtige, höchste Seele jedermanns Beschützer, jedermanns Meister, jedermanns Vater ist. Wer sich Ihm hingibt, zu Ihm Zuflucht nimmt, sich in Seinen Schutz begibt, kann der als Waisenkind betrachtet werden? Ich frage Sie: Ist nicht vielmehr derjenige ein Waisenkind, der keine Verbindung mit dem Vater hat?«

Diese klugen Worte aus dem Mund eines so jungen Menschen machten den Polizisten sprachlos, und er merkte, dass dies kein gewöhnliches Kind war, sondern ein kommender Mahatma. Nach einigen Minuten des Schweigens sagte der Polizist voller Demut: »Tu mir bitte einen Gefallen. Komm mit mir, denn ich habe diese Vermisstenanzeige. Ich kann dich nicht hier lassen, aber ich bringe dich nicht auf die Wache. Du kommst mit in mein Haus und bleibst die Nacht über bei mir. Morgen früh werden wir sehen, was am besten zu tun ist.«

Nachdem der Polizist den jungen Asketen so gebeten hatte, brachte er ihn zu sich nach Hause. Ein langer Dialog mit ihm während der Nacht überzeugte den Polizisten, dass sein junger Gast entschlossen war, den Himalaya zu erreichen, um sein Leben ausschließlich der Meditation zu widmen, mit dem einzigen Ziel der vollständigen Gottverwirklichung.

Der Polizist kam zu dem Schluss, dass es besser wäre, wenn das Kind mit dem Zug reisen könnte. Am nächsten Morgen erklärte er seinem Gast, dass er ihm auf seinem edlen Pfad nicht im Wege stehen wollte.

Aber die Vermisstenanzeige sei an alle Polizeistationen im ganzen Land weitergeleitet worden, und wenn er seine Reise am Ufer des Ganges zu Fuß fortsetzte, würde er früher oder später irgendwo aufgegriffen werden.

Was sich der junge Asket gewünscht hatte, geschah nun. Er wollte auf dem schnellstmöglichen Weg Haridwar erreichen, und nun wurde er dazu aufgefordert. Welch seltsamer Zufall, dass derjenige, der gekommen war, um ihn davon abzuhalten, ihm jetzt helfen wollte, schneller voranzukommen.

Wie seltsam doch die Erfahrungen der wahren Verehrer Gottes sind. Der allmächtige, allwissende Gott, der um die innersten Wünsche seiner Sucher weiß, sorgt dafür, dass sich die Wünsche erfüllen. Der Polizist kaufte ihm eine Fahrkarte und setzte ihn in den Zug. Am nächsten Tag erreichte der junge Asket Haridwar.

Als er ein Bad im Ganges nehmen wollte, wurde ein Polizeiinspektor auf ihn aufmerksam. Der Inspektor sah, dass es sich um dasselbe Kind handelte, nach dem gerade eine große Suche stattfand.

»Wenn ich den nach Hause schicke, bekomme ich eine Belohnung«, überlegte er und folgte ihm. Als er ihn eingeholt hatte, fragte er: »Mein Sohn, warum bist du von zu Hause weggelaufen und wohin willst du?«

»Ich bin auf dem Weg zum Himalaya, um meinen Höchsten Vater zu treffen.«

»Ich will dich zu deinen Eltern zurückschicken und dafür eine Belohnung erhalten.«

»Mein Entschluss steht fest. Selbst wenn Sie mich zurückschicken, werde ich nicht bleiben und am nächsten Tag erneut aufbrechen. Also stellen Sie sich mir nicht in den Weg und lassen Sie mich gehen. Wenn Sie aber gierig auf die Belohnung sind, dann schicken Sie mich zurück und kassieren Sie die Belohnung. Tun Sie, was Sie wollen.«

Der Polizeiinspektor war im Grunde ein religiöser Mensch. Er respektierte die Bitte des Kindes und entfernte sich leise.

Am nächsten Tag jedoch, als unser junger Held mit Himalaya-Ambitionen in Richtung Rishikesh unterwegs war, wurde er von einem anderen Polizeiinspektor angesprochen. Auch der erkannte ihn anhand der Vermisstenanzeige und dachte an die Belohnung, die auf seine Ergreifung ausgesetzt war. Er ließ sich nicht überreden und schickte den jungen Asketen zurück nach Hause.

2. Brahma Chaitanya Brahmachari

Als er zu Hause ankam, versuchte er, seine Eltern für seine Ideen der Weltentsagung und der Gotteserkenntnis zu gewinnen. Sie taten sein Gerede als kindliche Halsstarrigkeit ab. Je mehr er sie bat, ihn nicht an das materialistische Leben zu binden, desto eher wollten sie ihn verheiraten. Denn sie hatten Angst, er könnte ihnen wieder aus den Händen gleiten.

Auf der Seite des Kindes standen jedoch sein unerschütterlicher Glaube und seine unerschütterliche Entschlossenheit. Er stand fest zu seinem gefassten Entschluss und weigerte sich strikt, sich binden zu lassen. Das beunruhigte die Eltern sehr, auch wenn ihnen klar war, dass der edle Pfad, den das Kind beschreiten wollte, so Gott will, eines Tages nicht nur ihm, sondern der ganzen Familie, vielleicht sogar der ganzen Welt zugute kommen würde.

Aber lebenslange Ehelosigkeit, die Härten und Mühen des asketischen Lebens – und das in seinem zarten Alter –, allein dieser Gedanke ließ sie erschaudern. Sie versuchten ihr Bestes, ihn davon abzubringen, doch der junge Mahatma ließ sich nicht beirren. Ohne Gotteserkenntnis, ohne innere Selbstverwirklichung, hatte dann überhaupt irgendetwas einen Sinn?

Der am meisten geachtete Mann des Dorfes, der Familienguru, wurde gerufen. Der erfahrene und gelehrte Pandit war zuversichtlich, den kleinen Jungen leicht umstimmen zu können, aber all seine Gelehrsamkeit und Diplomatie waren vergebens. Logik wurde mit Logik, Argument mit Gegenargument beantwortet. Panditji konnte den gedanklichen Wettstreit mit dem jungen Intellektuellen einfach nicht gewinnen.

Schließlich appellierte er an das Gefühl und sagte: »Mein Sohn, du bist der einzige Nachkomme deiner Eltern. Sie haben all ihre Hoffnungen und Bestrebungen auf dich gesetzt. Es ist deine heilige Pflicht, ihnen im Alter zu dienen. Lass sie nicht hilflos und verlassen den Rest ihres Lebens in Dunkelheit und Kummer verbringen.

Du bist noch ein Kind. In diesem Alter geht man nicht zum Meditieren in den Dschungel. Selbst wenn du entschlossen bist, der Welt zu entsagen und Askese zu üben, bist du dafür noch nicht im richtigen Alter. Erfülle erst deine

Pflichten als Sohn. Heirate und sammle Erfahrungen im weltlichen Leben. Später, wenn die Zeit reif ist, kannst du dich aus dem Alltag in den Dschungel zurückziehen. Wenn du das jetzt tust, ohne jegliche Erfahrung des sinnlichen Lebens zu haben, wirst du Yoga nicht richtig praktizieren können.«

Aber wer kann einen Menschen vom Weg abbringen, dem das Schicksal bestimmt hat, ein geistiges Reich zu beherrschen? Die Antwort kam voller Zuversicht: »Pandit-ji, du bist fast achtzig Jahre alt, aber es ist sehr bedauerlich, dass du noch nie den Wunsch hattest, die Erkenntnis des Wesentlichen zu erlangen. Es ist beschämend, wie sehr du dich im Netz der Weltlichkeit verstrickt hast, dass du nie daran gedacht hast, dich davon zu befreien.

Wenn es als Kind meine Pflicht ist, zu Hause zu bleiben, dann solltest du als Erwachsener in den Dschungel gehen. Ich spüre, dass ich die richtige Entscheidung getroffen habe und dass es meine Pflicht ist zu gehen, darum lasse ich mich nicht davon abbringen.

Du hast einmal gesagt, in den Schriften steht, wenn auch nur Einer in der Familie zur Verwirklichung der Wahrheit gelangt, ist die ganze

Familie erlöst. Wenn das stimmt, was geschrieben steht, dann werde ich mit der Brahma-Verwirklichung der ganzen Familie Erlösung bringen.«

Diese scharfsinnige Antwort hatte eine erhellende Wirkung auf den älteren Priester, sodass er in Schweigen verfiel. Allmählich dämmerte ihm, dass das unwissende und aufmüpfige Kind, das er geglaubt hatte, bekehren zu können, in Wirklichkeit ein spirituelles Wunder war.

Der Pandit-ji rief alle Familienmitglieder zusammen und erklärte ihnen voller Erfurcht: »Gott hat eure Familie mit einem heiligen Kind gesegnet, das euch große Ehre bringen wird.«

Er stand auf, faltete seine Hände und verneigte sich ehrfürchtig vor dem kindlichen Mahatma. Und alle Mitglieder, jung und alt, folgten der Reihe nach seinem Beispiel.

Aber die Prüfung war noch nicht bestanden. Einige Familienmitglieder schmiedeten den Plan, seine Mutter solle gebeten werden, das Kind zu drängen, ihrer Liebe und Anhänglichkeit wegen dazubleiben. Hinter einem Vorhang sitzend hörte die Mutter alles mit. Als einige Damen ihr tatsächlich den Vorschlag unterbreiteten, war das Kind ziemlich besorgt, denn es wollte nicht von der Mutter aufgehalten werden. Aber die Mutter war nicht weniger aufgeschlossen als ihr Sohn. Warum sollte sie den Drang ihres Sohnes nach Höchstem Wissen vereiteln? Warum sollte sie sich zwischen ihren Sohn und seine strahlende, goldene Zukunft stellen?

Sie antwortete den Damen: »Ist es richtig, jemanden aufzuhalten, der sich einer so erhabenen Suche widmen will und dem sogar unser Familienguru Ehrerbietung erwiesen hat? Sollen wir ihn vom Rücken eines Elefanten herunterholen und auf einen Esel setzen? Damit er den Pfad der Erlösung aufgibt, um das dahinplätschernde Leben eines Familienvaters zu führen – dem kann ich niemals zustimmen.«

Das Kind bat seine Mutter um Erlaubnis, gehen zu dürfen. »Geh und singe das Lob des Herrn«, sagte sie. »Aber werde niemals ein bettelnder Sadhu, und wenn du jemals das Leben eines Familienvaters vermisst, komm sofort zurück.«

Zwei Tage später verließ er sein Zuhause, entsagte der Anhaftung an die Welt des Scheins und an familiäre Bindungen und machte sich auf die Suche nach einem Ort, an dem er in Einsamkeit meditieren konnte, abseits vom Gedränge der Menschen, weg vom Lärm, allein, ganz allein, von Angesicht zu Angesicht mit der Unendlichkeit, er und das Universum, anfangslos, endlos. Eines Tages würde er einen neuen Weg bahnen, dem Leben einen neuen Sinn geben und einen neuen Prozess in Gang setzen, der schließlich einen neuen Lebensstil für die Menschen gestalten würde.

Wieder in Prayag angekommen, nahm er ein Bad im Sangam, dem Zusammenfluss der heiligen Flüsse. Er suchte sich ein ruhiges Plätzchen im Sand und setzte sich zum Meditieren hin. Drei Tage lang war das die ungewöhnliche Routine. Bad im Sangam und Meditation. Ein Polizist, der auf Streife war, beobachtete drei Tage lang erstaunt das seelenvolle Kind. Am dritten Tag sprach er den jungen Meditierenden an und stellte ihm eine einfache Frage: »Maharaj, woher kommst du und wohin willst du gehen?«

Die Antwort war alles andere als einfach: »Ich bin von dort gekommen, wo die ganze Welt herkommt, und ich gehe dorthin, wohin die ganze Welt geht.«

Mit den Worten »Aber ohne Geld kommst du nicht weiter, oder?« versuchte es der Polizist noch einmal – und scheiterte.

»Mein Reichtum ist mein Schicksal, das ist das, was ich seit ewigen Zeiten angesammelt habe. Wenn dieser Reichtum erschöpft ist, wird dieser Körper verschwinden und nicht wieder erscheinen. Bitte machen Sie sich keine Sorgen um mich und gehen Sie wieder an Ihre Arbeit.«

Der Polizist, der bereits von dem leuchtenden Gesicht des heilig wirkenden Jungen und seinem aufrechten Verhalten beeindruckt war, war von dieser kurzen Rede so gerührt, dass er sich mit gefalteten Händen vor ihm verbeugte und sich entfernte.

Schicksal und Glaube trugen das Kind weiter nach Haridwar. Auch dort fühlten sich viele religiöse Menschen, die nach Haridwar kamen, um ein heiliges Bad im Ganges zu nehmen, zu diesem ungewöhnlichen Kind hingezogen. Aber er ignorierte sie, so gut es ging, und widmete sich an einem abgelegenen Ort seinen Hymnen, Gebeten und Meditationen, bevor er einige Tage später nach Rishikesh aufbrach.

Rishikesh, das Tor zum Himalaya, ist eine malerische Stadt am Fuß der Berge in einem Tal, durch das der Ganges fließt. Seit jeher ist Rishikesh ein bedeutender Wallfahrtsort, zu dem Seher und Weise, Yogis und Asketen, Anhänger

Gottes und nach Erlösung Suchende pilgern. Im umliegenden Dschungel, der einen herrlichen Anblick bietet, finden viele Aspiranten ein abgeschiedenes Plätzchen, wo sie sich je nach dem Grad ihrer Erleuchtung und den Anweisungen ihres Gurus ihren Übungen widmen.

An diesem Ort spürte der junge Aspirant, dass es gegen die altehrwürdige Tradition verstoßen würde, ganz allein zu üben. Selbst die göttlichen Inkarnationen und der große Shankaracharya hatten Gurus. Also musste auch er seinen Guru suchen und sich von ihm unterweisen lassen. Aber wer sollte sein Guru sein? Zwei Qualifikationen kannte er bereits. Der Guru sollte sich in den Veden und in allen Schriften gut auskennen. Auch sollte er sich des Unsterblichen Selbst bewusst sein. Diesen beiden Eigenschaften fügte er selbst noch zwei weitere hinzu: Er sollte frei von Zorn sein und seit Geburt im Zölibat leben.

Und so begann seine Suche nach dem Guru. Viele Namen hatte er gehört. Er suchte sie alle auf. Einige waren gelehrte Pandits, andere Entsagende, die all ihre weltlichen Besitztümer aufgegeben hatten, einige schienen die ersten beiden Qualifikationen zu erfüllen, aber es gab nur wenige, die seine strengste Bedingung erfüllten: lebenslanges Zölibat.

Ein stabtragender Dandi-Swami Mahatma war als Bal Brahmachari und Koryphäe für Yoga bekannt, also suchte er ihn auf. Als unsere enthaltsam lebende zukünftige Berühmtheit feststellte, dass der Yogi in intensive Meditation, in Samadhi, versunken war, wartete er draußen. Als der Swami-ji herauskam, mit vielleicht durch Atemübungen geröteten Augen, wurde er sehr ehrerbietig begrüßt: »*Om Namo Narayanaye* (Ich verneige mich vor dem Höchsten Erhalter des Universums). Ich brauche etwas Feuer, mein Herr. Bitte erfüllt meinen Wunsch.«

Der Swami-ji fuhr auf. Wutschnaubend mit blutunterlaufenen Augen sah er den Jungen an und tobte: »Du Narr, weißt du nicht, dass Dandis kein Feuer unterhalten? Mich so nach Feuer zu fragen …«, schimpfte er los.

»Wenn Ihr kein Feuer habt, woher kam dann das alles?«, fragte der Junge schlicht aus einigen Schritten Entfernung.

Schlagartig schlug die Stimmung um. Der Swami-ji erkannte, wie lächerlich sein feuriges Aufbrausen war, und beruhigte sich sofort. Er fühlte sich besiegt, ging auf den Jungen zu, umarmte ihn und sagte: »Mein Sohn, es tut mir leid, dass ich meine Selbstbeherrschung verloren habe. Aber vielleicht liegt es in der Natur der Dinge, dass sich gleiche Pole abstoßen und eine Störung verursachen, obwohl der reine Atman, das innerste individuelle Selbst, ohne jede Turbulenz ist. Es ist wirklich großartig, dass du in deinem Alter schon ein so starkes Verlangen hast, das innere Feuer zu entfachen.«

»Swami-ji, Ihr habt einen solchen Aufruhr erzeugt und mich entflammt.«

»Großartig, einfach großartig bist du«, sagte Swami-ji. Er lobte den frühreifen »Feuersucher«, behielt ihn für ein paar Tage in seinem Ashram und gab ihm einige Unterweisung in Yoga. Swami-ji hätte es gern gesehen, wenn er geblieben wäre, und wahrscheinlich hätte er das getan, wenn Swami-ji den dritten Test bestanden hätte, den Test der Ausgeglichenheit.

So ging die Suche weiter, hier, dort, überall, die Suche nach einem Guru, der seinen Träumen gerecht werden würde. Schließlich erreichte er im Himalaya den Ort Uttarkashi. Dort fand er einen Schüler von Shringeripîth, Param Tapasvi, Bal Brahmachari, Yogiraj, Dandi-Sannyasi, Shri Swami Krishnanand Saraswati Maharaj.

Guru-ji von Shri Gurudeva, Schüler von
Shringeripîth, Param Tapasvi, Bal Brahmachari,
Yogiraj, Dandi-Sannyasi, Shri Swami Krishnanand
Saraswati-ji Maharaj von Uttarkashi.

Zu Füßen des Meisters gab er sich hin und erhielt die Einweihung und den Namen Brahma Chaitanya Brahmachari, was wörtlich übersetzt »Wahrheitsbewusster Zölibatär« bedeutet.

Swami-ji war ein Meister der indischen Philosophie und der yogischen Techniken. Er war unübertroffen in seiner Fähigkeit, die höchsten Ideale in die tägliche Routine des Lebens zu integrieren. Da er die Essenz der Essenzen erreicht hatte, war er wahrlich eine lebendige Verkörperung des Wahrheitsbewusstseins.

In Swami-jis Ashram waren viele junge Männer, die sich von allem losgesagt hatten und mit dem brennenden Wunsch kamen, Gott zu verwirklichen. Er war mit der Ernsthaftigkeit und den Fähigkeiten des Neuankömmlings zufrieden und tat Tag für Tag alles, ihn zu befähigen, so zu werden wie er selbst: ganz bei sich, frei von allen egoistischen Wünschen, in Frieden mit der Welt, eins mit dem Einheits-Bewusstsein.

Bald entwickelte sich zwischen Meister und Schüler die innigste Verbindung. Der Meister öffnete die Schleusentore seines grenzenlosen Mitgefühls, und der Schüler gab sich dem Meister vollständig hin. Diese Meister-Schüler-Beziehung muss erlebt werden, um sie voll und ganz würdigen zu können. Nach und nach schwingen die Herzen von Meister und Schüler so im Einklang miteinander, dass nicht die geringste Unstimmigkeit zwischen beiden besteht.

Der Schüler verbrennt all seine persönlichen Wünsche zu Asche und vertraut sich ganz dem Meister an. Er richtet seine Aufmerksamkeit auf die ausgesprochenen sowie die unausgesprochenen Bedürfnisse des Meisters und ist stets darauf bedacht, seine Rolle bei der Befriedigung dieser Bedürfnisse zu übernehmen.

Seine Gedanken sind nicht seine eigenen; sie sind ein Spiegelbild der Gedanken seines Gurus. Seine Gefühle sind die Gefühle seines Gurus. Seine Gesamtpersönlichkeit ist lediglich ein Abbild der Persönlichkeit seines Gurus.

Nachdem der *Shischya* auf diese Weise alles zu Füßen des Gurus gelegt hat, wird er zu einem würdigen Anwärter auf die Vollständigkeit des Wissens seines Gurus, auf die Gesamtheit seiner Erfahrung und auf die Glückseligkeit seines Seins.

3. Der Schüler

Einst besuchte ein bedeutender Vertreter der indischen Philosophie Uttarkashi. Er lud alle Interessierten ein, zu kommen und seinem Vortrag zuzuhören. Auch Guru-ji war eingeladen, aber er pflegte nie irgendwo hinzugehen. Als seine Schüler den Wunsch äußerten, den gelehrten Besucher zu hören, und um Erlaubnis baten, gab Guru-ji sein Einverständnis.

Er wies sie an, das Tor des Ashrams von außen zu verschließen, wenn sie gingen, den Schlüssel bei sich zu behalten, bei ihrer Rückkehr das Schloss zu öffnen und wieder einzutreten. Als die Zeit für die Veranstaltung kam, taten die Ashrambewohner, was ihnen gesagt wurde. Sie schlossen das Tor von außen ab und gingen ohne einen weiteren Gedanken daran zu verschwenden weg. Sein jüngerer Schüler jedoch fühlte sich damit sehr unwohl.

Welchen Sinn hatte es, so dachte er, ihren verehrten Guru, der ein Meister unter den Philosophen und darüber hinaus ein Wissender der Höchsten Wahrheit war, einzusperren?

Ihm hatten sie sich ganz hingegeben, und zu seinen Füßen lag ihre Hoffnung auf ganzheitliche Verwirklichung. Ihn, von dem ein einziges Wort die Erlösung bedeuten konnte, zu verlassen und zu einem Buchgelehrten zu gehen, der lediglich die Fähigkeit hatte, fließend zu sprechen – lohnte sich das wirklich?

Was konnten sie von den Worten des Redners erhoffen, das sie von der Schuld befreien würde, ihren Guru hinter Schloss und Riegel eingesperrt zu haben? Eine solche Tat war doch wirklich beschämend. Mit jedem Schritt wuchs sein Schuldgefühl, sodass er schließlich beschloss, umzukehren, egal, was die anderen taten. Aber welchen Grund sollte er für seine Rückkehr anführen? Ihnen seine wahren Gedanken zu offenbaren, hielt er nicht für klug, da sie sich durch seine scheinbare Unverschämtheit vielleicht beleidigt fühlen könnten, wenn sie merkten, dass er, der Neuling, Guru-ji mehr ergeben war als sie, die schon jahrelang im Ashram lebten.

Also sagte er: »Da all die gelehrten Leute in Uttarkashi zu dem Vortrag gehen, wird der Vortrag sicher sehr kompliziert, mit vielen Fachausdrücken sein, sodass ich ihn wahrscheinlich gar nicht verstehe. Ich glaube, für mich ist es sinnlos, hinzugehen. Da kann ich genauso gut wieder umkehren.«

Damit nahm er den Schlüssel für das Ashramtor und kehrte um. Als er sich dem Tor näherte, sah er zwei Dandi-Sannyasi Mahatmas in die gleiche Richtung gehen. Eilig öffnete er ihnen das Tor, bat sie, in seiner kleinen Behausung Platz zu nehmen, und fragte, ob sie schon etwas gegessen hätten.

»Mit dieser Absicht sind wir auf dem Weg zum Vortrag hier vorbei gekommen«, sagte einer von ihnen.

Der junge Gastgeber bereitete schnell etwas Halwa für sie zu, das sie mit Genuss aßen und dann zu dem Vortrag aufbrachen. Dann ging der junge Asket wieder seiner täglichen Routine nach.

Als die Ashrambewohner am Abend vom Vortrag zurückkehrten, waren auch die beiden Dandi-Sannyasis bei ihnen. Guru-ji fragte seine Gäste, ob sie schon ihre Mahlzeit eingenommen hätten. »Ja, Maharaj«, antworteten sie. »Hier im Ashram, bevor wir zum Vortrag gingen.«

»Hier? Der Ashram war doch verschlossen. Wo genau habt ihr gegessen?« fragte Guru-ji.

Die Sannyasis schilderten ihm den ganzen Vorfall und einer sagte: »Der junge Brahmachari hat uns schnell etwas zubereitet, sodass wir rechtzeitig zum Vortrag kamen.«

Als der junge Schüler zu seinem Meister kam, um ihm seine tägliche Ehrerbietung zu erweisen, wurde er gefragt: »Du bist heute nicht zum Vortrag gegangen?«

»Nein, Maharaj, ich dachte, ich würde es sowieso nicht verstehen, also bin ich umgekehrt.« Als er nach den Dandi-Sannyasis gefragt wurde, schilderte er genau, was sich zugetragen hatte.

Aber Guru-ji spürte mit seinem yogischen Scharfsinn, dass hinter dem Vorfall viel mehr steckte als das, was an der Oberfläche zu sehen war. Er erkannte den Glauben und die Hingabe seines neuen Schülers, die tiefer waren als die aller anderen Schüler, und daher wollte er ihm einen besonderen Weg ebnen, für den die anderen Schüler noch nicht reif waren.

Am nächsten Tag rief Guru-ji seinen jungen Schüler zu sich und sagte: »Du hast genügend theoretisches Wissen der Schriften erworben. Dem dadurch gewonnenen intellektuellen Verständnis muss nun die tatsächliche Erfahrung folgen. Diese kommt durch bestimmte Yogaübungen auf der Grundlage einer besonderen Technik zustande, in die ich dich einführen will. Dazu musst du dich aber ganz allein irgendwo außerhalb des Ashrams aufhalten. Würdest du sie hier praktizieren, könnten meine anderen Schüler eifersüchtig werden und deinen Fortschritt behindern.

Einige von ihnen sind schon seit fünfundzwanzig Jahren hier, da es ihnen aber an Eifer fehlt, sind sie noch keine würdigen Anwärter auf das Wissen dieser speziellen Technik.

Es gibt einen Ort drei Meilen entfernt von hier. Dorthin wirst du gehen und diese Technik praktizieren. Einmal jede Woche kommst du abends hierher, bleibst über Nacht im Ashram und kehrst am nächsten Morgen zurück.

Morgen werde ich dir befehlen, an diesen Ort zu gehen, aber um den wahren Grund geheim zu halten, halte ich dir vor den anderen eine Standpauke und sage dir, du sollst deine Sachen packen, den Ashram verlassen und an diesen Ort gehen.

Mach dir nichts aus meiner Zurechtweisung. Sammle still deine sieben Sachen und gehe. Die anderen werden denken, du hast etwas falsch gemacht und mein Missfallen erregt, und ich würde dich zur Strafe aus dem Ashram verbannen.«

Der junge Schüler war mit allem einverstanden und wurde in die spezielle Yogatechnik eingeführt. Am nächsten Tag inszenierte Guru-ji wie geplant eine dramatische Szene im Ashram. Er schien verärgert und aufgebracht und schimpfte über alle und jeden. Als unser Held die Bühne betrat, fühlten sich die anderen angesichts des ganzen Wortschwalls, der sich über den ergoss, für den er bestimmt war, geschützt.

»Verschwinde. Das hier ist kein Ort für Kinder. Du hast hier nichts zu suchen ... Pförtner, wirf diesen Lümmel raus, lass die Hütte räumen, und zwar schnell ... raus!«

»Wohin soll ich gehen, Maharaj?«

»Geh, wohin du willst. ... Pförtner, beschreibe ihm den Ort, der drei Meilen von hier entfernt ist. Dorthin kann er meinetwegen gehen und bleiben, oder er kann gehen, wohin er will.«

»Wie Ihr wünscht, Maharaj.«

Der junge Asket verbeugte sich vor Guru-ji, sammelte seine Habseligkeiten und Proviant für sieben Tage ein und machte sich auf den Weg zu seiner neuen Bleibe.

Eine Woche verging.

Eine zweite Woche.

Viele Wochen.

Viele, viele Wochen.

Jeden Donnerstag besuchte er den Ashram, warf sich dem Guru zu Füßen, schilderte ihm seine Erfahrungen und kehrte am nächsten Morgen mit neuen Anweisungen für die folgende Woche zurück. Ein neues Licht dämmerte auf, das von Tag zu Tag, von Woche zu Woche, von Monat zu Monat heller wurde und ihn anspornte, ihn leitete und ihn auf seiner Reise ins Innere vorantrieb.

Eines Tages schickte Guru-ji einen Boten zu ihm, um ihn zu fragen: »Gibt es bei dir irgendeinen freien Platz, wo ich hinkommen und bleiben kann?«

»Kein einziges Plätzchen«, war die Antwort.

Der ergebene Bote war verblüfft und sagte: »Man sollte sehr vorsichtig sein, was man seinem Guru sagt. Wenn ich deine Antwort an Guru-ji weiterleite, wird er noch unzufriedener mit dir sein als ohnehin schon, und er wird wahrscheinlich einen Teil seines Unmuts auf uns abwälzen. Ich werde ihm sagen, dass es dort drüben in den Höhlen viele Plätze gibt und dass er gerne kommen und bleiben kann.«

»Hört zu. Ich respektiere Euer Alter, Eure Gelehrsamkeit und Eure Hingabe an Guru-ji. Da Ihr älter seid als ich, ehre ich Euch. Aber jetzt seid Ihr als Bote gekommen. Ihr habt Guru-jis Frage an mich weitergeleitet. Geht hin und übermittelt ihm meine Antwort: ,Hier ist kein einziges Plätzchen frei.‘ Danach könnt ihr gerne sagen, was immer Ihr sagen wollt. Aber meine Antwort sollte ihn in meinen eigenen Worten erreichen: ,Kein einziges Plätzchen ist hier mehr frei‘. Sollte Guru-ji unzufrieden sein, dann ist das mein Problem. Ihr braucht Euch keine Sorgen zu machen, denn Ihr seid lediglich der Überbringer meiner Antwort.«

Der Bote überbrachte die Antwort. Guru-ji schwieg, aber die Ashrambewohner waren erstaunt über das beleidigende Verhalten des jungen Brahmachari. Ihm sollte eine Lektion erteilt werden, wenn er am Donnerstag kommt, dachten sie.

Am Donnerstagabend kam der Brahmachari, um seinem Guru seine Ehrerbietung zu erweisen. Alle Ashrambewohner sahen ihn schief an und warteten gespannt darauf, welche Strafe ihm von Guru-ji drohte. Als Guru-ji ruhig und gelassen blieb, sagte einer der Schüler, der sich dem Meister besonders nahe fühlte: »Maharaj, welche Buße, welche Sühne ist für einen Menschen vorgesehen, der seinen Guru nicht respektiert? Respektlosigkeit kommt doch Verachtung gleich, nicht wahr? Wie sollte solch ein Mensch behandelt werden, der seinen Guru nicht respektiert und ihm gegenüber Verachtung zeigt?«

Guru-ji, der die Stimmung der Ashrambewohner sehr wohl kannte, stellte sich unwissend und sagte: »Deine Frage ist noch nicht ganz klar. Warum bringst du nicht ein Beispiel?«

Der Fragesteller zögerte, aber da er keinen Ausweg sah, fuhr er fort: »Neulich, Maharaj, habt Ihr den Wunsch geäußert, in einen der freien Räume der Höhlen zu bleiben, wo sich der junge Brahmachari aufhält.

Ihr habt einen Boten hingeschickt, um zu erfahren, ob es dort einen freien Raum gibt, und der Bote kehrte mit der knappen Antwort zurück, dort sei kein einziges Plätzchen mehr frei, obwohl doch in Wirklichkeit dort viele Höhlen leer stehen und unbewohnt sind.

Dieses beleidigende Verhalten hat uns alle sehr verletzt, und wir möchten Euch bitten, uns zu sagen, wie wir uns gegenüber diesem unverschämten jungen Mann verhalten sollen.«

Guru-ji wandte sein Gesicht dem jungen Brahmachari zu und fragte: »Nun, was hast du dazu zu sagen?«

»Shri-Charan, Ihr allein seid in der Lage, meinen Mitschülern zu sagen, wie sie sich mir gegenüber verhalten sollen. Was ich an jenem Tag gesagt habe, war absolut wahr und es ist immer noch wahr, dass es bei mir kein einziges freies Plätzchen mehr gibt.«

Stimmen wurden laut: »Was ist mit den beiden Räumen in der Ecke … ?«

»Was ist mit den Räumen gegenüber von deiner Höhle?«

»Kenne ich nicht die richtige Lage?« murmelte der Brahmachari.

Guru-ji schaltete sich ein: »Warum klärst du nicht alles auf?«

»Maharaj, das ist eine Sache zwischen Euch und mir. Die anderen sind in keiner Weise betroffen und ...«

»Also gut. Du erklärst die Sache nur mir allein. Wer zuhören will, darf das tun, ja?«

Und der junge Brahmachari klärte die Sache folgendermaßen auf: »Soweit ich es verstanden habe, Guru-ji, lebt Ihr nicht in Häusern aus Stein und Lehm. Ihr wohnt auf subtile Weise in den Herzen Eurer Anhänger. Shri-Charan, alle Kammern in meinem Herzen sind bereits von Euch besetzt. Seit dem Tag, an dem ich mich Euch anvertraute. Ich machte jeden Winkel meines Herzens frei und füllte ihn mit der Liebe zu Euch. Jetzt ist hier kein Plätzchen mehr frei.

Was die Räume in den Höhlen angeht, in denen ich wohne, Maharaj, so wisst Ihr bereits, dass sie leer stehen, und hättet Ihr in einem von ihnen bleiben wollen, hättet Ihr das getan, ohne mich zu fragen. Wer bin ich schon, dass ich gefragt werden müsste? Ich nahm an, Maharaj, dass Ihr etwas über den Raum in meinem Herzen wissen wolltet, und in diesem Zusammenhang gab ich meine Antwort, dass alle Räume belegt sind und kein einziges Plätzchen mehr frei ist.«

Nachdem er das gesagt hatte, holte der Brahmachari tief Luft und verfiel in Schweigen. Sein Gesicht errötete. Er sah unbeholfen und verlegen aus, als hätte man ihn gezwungen, sich zu entblößen. Das große Geheimnis, das er die ganze Zeit gehütet hatte, lag nun offen vor den Augen aller.

Er wünschte, es wäre ihm erspart geblieben, das Geheimnis seines bedingungslosen

Glaubens, seiner uneingeschränkten Hingabe, seiner unverfälschten Liebe, seiner leidenschaftlichen Hingabe an seinen Guru offenzulegen.

Doch für seine Mitschüler war es wie eine Offenbarung. Sie sahen einander an und verbargen ihre Augen vor Scham. Was sie fälschlicherweise für ein Bröckchen Kohle gehalten hatten, war in Wirklichkeit ein großer, funkelnder Diamant, der nur von einer hauchdünnen Schicht Kohlenstaub bedeckt war. Der, den sie für einen überheblichen Stoffel gehalten hatten, entpuppte sich als bescheidener Weiser. Sie bedauerten ihre Kurzsichtigkeit und ihre Augen füllten sich mit Tränen der Reue.

Auch in Guru-jis Augen waren Tränen der Rührung. Das Geheimnis der großen Liebe zwischen Meister und Schüler war endlich gelüftet. Es war ein tiefer Moment der Wahrheit, der sich auf eine Stunde ausdehnte und sich anfühlte wie eine Ewigkeit. Die tiefe Stille wurde schließlich von Guru-ji gebrochen: »Bitte geht jetzt alle.«

Die Schüler zogen sich einer nach dem anderen in ihre Hütten zurück, bis auf den Brahmachari.

»Verzeiht mir, dass ich meine geheime Liebe zu euch aufgedeckt habe«, sagte er.

»Es stimmt schon, es ist eine sehr persönli-
che Angelegenheit«, sagte Guru-ji. »Aber was
geschehen ist, musste so sein und war gut so.
Denke nicht weiter darüber nach. Was du getan
hast, geschah auf mein Geheiß. Liebe, Glaube
und Hingabe bilden die Grundlage jeder inneren Entwicklung. Aber kann man sie dir weg-
nehmen und teilen oder gar nachahmen? Wohl
kaum. Das ist ein Naturgesetz!«

4. Der Einsiedler

Als Shri Maharaj fünfundzwanzig Jahre alt war, er das Studium der Schriften abgeschlossen und die Wahrheit über sein innerstes Selbst entdeckt hatte, verließ er in Begleitung seines Guru-ji die Berge von Uttarkashi. Etwa einen Monat lang hielten sie sich in dem kleinen malerischen Dorf Kajliwan in der Nähe von Rishikesh auf.

Umgeben von dichtem Dschungel, in dem viele wilde Raubtiere lebten, waren in diesem Ort dennoch Sadhus und Mahatmas besonders willkommen. Maharaj Shri und Guru-ji wurden von den Bewohnern von Kajliwan und den umliegenden Dörfern mit Begeisterung empfangen.

Unter der Schar der Darshan-Suchenden war auch ein brahmanischer Milchmann, der die heiligen Besucher der Ortschaft stets mit Milch versorgte. Maharaj Shri vereinbarte mit ihm, jeden Tag einen halben Liter Milch zu bringen, die er abkochen und Guru-ji am Abend servieren würde. Eines Tages geschah es, dass die Frau des Brahmanen sagte: »Heute hat die Kuh sehr wenig Milch gegeben. Das reicht nicht einmal für unsere Kinder.«

Der Brahmane achtete jedoch nicht auf den Kummer seiner Frau und brachte den Ehrengästen wie üblich einen halben Liter Milch. Als Maharaj Shri die Milch aufgewärmt hatte und sie Guru-ji servierte, sagte dieser: »Heute ist Leid in der Milch. Ich werde sie nicht trinken. Bitte gib sie dem Milchmann zurück und sage ihm, er soll mir keine mehr bringen.«

Maharaj Shri tat, was ihm gesagt wurde. Wie das Schicksal es wollte, starb etwa zwei Wochen später der Sohn des Milchmanns. Im ganzen Ort ging das Gerücht um, der Milchmann habe seinen Sohn verloren, weil Guru-ji mit ihm unzufrieden gewesen sei.

Als Maharaj Shri dies Guru-ji überbrachte, sagte der nur: »Wenn der Leichnam des Jungen zum Einäscherungsplatz gebracht wird, sage den Leuten, sie sollen nach mir schicken, bevor sie den Scheiterhaufen für die Feuerbestattung errichten.«

Und so geschah es. Bis zu Guru-jis Ankunft wurde der Leichnam auf den Boden gelegt. Guru-ji kam, ließ die Schnüre entfernen, mit denen das Leichentuch auf der Bahre befestigt war, berührte den leblosen Kopf sanft mit seinem Fuß und sagte: »Warum schläfst du so lange?«

Und siehe da, der Junge erhob sich und war wieder auf den Beinen! Ein Wunder war geschehen, das alle Anwesenden in Verwirrung versetzte. Höchst erstaunt verneigten sie sich vor dem großen Mahatma in ihrer Mitte.

Als sie ihre Hütte erreichten, sagte Guru-ji zu Maharaj Shri: »Es ist besser, diesen Ort sofort zu verlassen, bevor uns all die Toten hier bedrängen, sie wieder lebendig zu machen!«

Und damit ging Guru-ji weg – und ließ Maharaj Shri alleine zurück!

✳ ✳ ✳

Die Fluten des Ganges wüteten, Minute für Minute stieg der Wasserpegel an. Alle tief liegenden Orte, die von den Wassermassen überschwemmt werden würden, waren bereits geräumt worden. Nur zwei Sadhus sorgten sich kein bisschen um ihre Sicherheit und blieben ruhig auf ihren Holzbrettern sitzen, die mit Seilen an zwei Akazienbäumen angebunden waren. Maharaj Shri sah sie und fragte sich, warum sie sich keine Sorgen um ihr Leben machten, wenn sie doch wie die anderen Sadhus leicht anderswo hätten Zuflucht nehmen können.

Um ihr Schicksal zu verfolgen, kletterte er auf einen höher gelegenen Baum und behielt die beiden Sadhus ständig im Auge. So vergingen drei Tage, in denen alle drei wie angewurzelt an ihren Plätzen blieben, ohne sich um die drohende Gefahr zu kümmern. Am vierten Tag entwurzelte die starke Strömung einen der Akazienbäume und trug ihn mit sich fort zusammen mit dem daran befestigten Brett, auf dem noch immer der Sadhu saß.

Aber was sah Maharaj? Nicht die geringste Spur von Sorge auf dem Gesicht des davonschwimmenden Sadhus. Keine Beunruhigung. Keine Verwirrung. Ruhig, gelassen, unbeirrt schenkte er dem anderen Sadhu ein strahlendes Lächeln: »Ehre sei dem Herrn des Universums. Endlich bin ich wieder in Bewegung.«

Der andere, völlig unbeeindruckt von der Situation, erwiderte das Lächeln und rief: »Ehre sei dem Herrn des Universums. Wo immer du bist, unter welchen Umständen auch immer, erinnere dich an Ihn und bleibe standhaft.«

Es war ein unvergessliches Schauspiel für Maharaj Shri zu sehen, wie der Sadhu von der reißenden Strömung zügig den Fluss hinuntergetragen wurde und in einiger Entfernung sicher am Ufer ankam, wo er unaufgeregt, ruhig und gelassen an Land ging, als hätte er von allem gar nichts mitbekommen – außer von der Herrlichkeit Gottes.

∗ ∗ ∗

Ein wohlhabender Geschäftsmann der Seth-Kaste aus Kalkutta pflegte jeden Winter Rishikesh zu besuchen und Tücher unter den Gläubigen zu verteilen.

Als er Maharaj Shri spärlich bekleidet im Freien sitzen und im beißenden Winterwind meditieren sah, legte er ihm ein Tuch um und nahm ihm gegenüber Platz.

Als Maharaj Shri nach einer Weile die Augen öffnete, sah er den wohlhabenden Kaufmann vor sich sitzen und fragte ihn: »Warum hast du mir dieses Tzch umgelegt? Was willst du? Wenn du es aus Nächstenliebe getan hast, weil du mich für einen Bettler hältst, hast du nicht richtig gehandelt, denn kein wahrer Sadhu oder Mahatma ist ein armer Mann. Hast du aber andere Absichten gehabt, so nenne sie mir bitte.«

Der reiche Mann verbeugte sich und sagte freundlich: »Mein Herr, ich bin ein Marwari-Händler. Ich habe gelehrte Männer aus den Schriften zitieren hören: Wer einem Mahatma

57

eine Rupie spendet, erhält dafür tausend Rupien zurück. Also habe ich dir das Tuch in der Hoffnung gegeben, durch deinen Segen tausend zurückzubekommen.«

Maharaj Shri legte das Tzch in aller Ruhe ab, faltete es sorgfältig zusammen, gab es zurück und sagte: »Hier nimm dieses jetzt, ich werde versuchen, die restlichen neunhundertneunundneunzig noch zu besorgen.«

Der Händler war verblüfft und fürchtete, den Mahatma beleidigt zu haben. Aber er war zu verunsichert, als dass er sich angemessen hätte entschuldigen können.

Doch Maharaj Shri beruhigte ihn. »Sage mir nur: Wenn du allen Reichtum der Welt, allen Besitz, alle Annehmlichkeiten und allen Luxus der Welt besitzen könntest, wärst du dann in der Lage, das alles zu nutzen? Eines Tages wirst du alles zurücklassen müssen. Durch die Gnade Gottes erfreust du dich bereits eines beachtlichen Reichtums und hast sogar die Möglichkeit, zumindest einen Teil davon für wohltätige Zwecke zu verschenken. Trotzdem bist du gierig nach immer mehr. Was nützt es dir auf Dauer, deine ganze Aufmerksamkeit nur auf immer größeren materiellen Wohlstand zu richten?«

Der Kaufmann war außerordentlich beeindruckt von Maharaj Shris Antwort auf seinen »Investitionstrick« und schied von ihm, um die wahre Bedeutung der Wohltätigkeit zu erkennen. Geben, geben – bis es schmerzt.

* * *

Zusammen mit drei anderen Brahmacharis war Maharaj Shri auf einer Pilgerreise nach Badrinarayan. Auf dem Weg dorthin sagte er zu ihnen: »Grundsätzlich trage ich nie Geld bei mir. Da wir gemeinsam reisen, schlage ich vor, dass jeder von euch, der Geld bei sich hat, es entweder an einem bestimmten Ort zurücklässt oder die Gruppe verlässt. Andernfalls wird es Schwierigkeiten geben. Derjenige, der Geld bei sich hat, kann es, wenn er bei uns bleibt, womöglich nicht nach Wunsch verwenden, und so könnten seine geistigen Schwingungen nicht mit denen der Gruppe harmonieren. Es ist besser, wenn er oder zumindest sein Geld uns verlässt.«

Einer der Brahmacharis sagte: »Ich habe drei Sovereigns bei mir, die euch zur Verfügung stehen. Ich möchte mich auf keinen Fall von euch trennen.«

So wurde beschlossen, die drei Goldmünzen an einem Baum zu vergraben und sie auf dem Rückweg wieder zu holen. Nachdem sie die Münzen vergraben hatten, setzten die vier Brahmacharis ihre Pilgerreise fort.

Eine Woche später wollte es das Schicksal, das der vermögende Brahmachari, erschöpft von der anstrengenden Reise, an einer schweren Infektion erkrankte und starb. Seine letzte Ölung wurde pflichtbewusst vollzogen, und die verbleibenden drei Brahmacharis setzten ihre Reise nach Badrinarayan fort. Nach Beendigung ihrer Pilgerreise kehrten sie zu der Stelle zurück, an der die Goldmünzen vergraben waren. Maharaj Shri schlug vor, sie auszugraben und wohltätigen Zwecken zukommen zu lassen.

Doch als sie an der betreffenden Stelle gruben, fanden sie eine dünne Schlange, die sich um die Goldmünzen gewunden und fast die gleiche Farbe hatte wie der Schatz, den sie bewachte. Da sagte Maharaj Shri: »In den Veden steht geschrieben, dass ein Sterbender als Schlange wiedergeboren wird, wenn sein letzter Gedanke bei seinem vergrabenen Reichtum weilt. Hier haben wir offensichtlich den Beweis für diese Aussage. Anscheinend kreisten die Gedanken des Brahmachari in seinen letzten Momenten um diese Sovereigns.«

Maharaj Shri ergriff die Schlange und warf sie in den nahe vorbeifließenden Ganges. So wurde der Brahmachari schnell wieder von seiner Schlangeninkarnation befreit. Später wurden seine Sovereigns zu Wohltätigkeitszwecken verschenkt und halfen ihm vielleicht weiter auf seiner Reise durch zahllose Inkarnationen zum Badrinarayan, der sich im Innersten seines spirituellen Herzens befindet.

⁎ ⁎ ⁎

In Prayag gab es Streit zwischen einigen Fischern und ihren Gegnern. Maharaj Shri wurde gebeten, die Angelegenheit zu entscheiden. Als sie zu ihm kamen, sagte er zu ihnen: »Bitte kommt morgen früh.«

Am nächsten Morgen warfen die Fischer wie üblich ihre Netze aus, bevor sie Maharaj Shri aufsuchten. Die Gegner beschwerten sich darüber. Maharaj Shri bat sie, ihm sechs oder sieben Kieselsteine von der Größe einer Kichererbse zu bringen.

Als ihm diese gebracht wurden, gab er sie den Gegnern mit den Worten zurück: »Geh und werft die Kieselsteine an den Stellen ins Wasser, wo die Fischer ihre Netze ausgeworfen haben, und kommt am späten Abend alle zurück.«

Als sie am Abend zu Maharaj Shri zurückkehrten, war der Jubel unter den Gegnern groß.
Nicht ein einziger Fisch war ins Netz gegangen.
Die Fischer wussten nicht, was sie von diesem
seltsamen Vorfall halten sollten, verneigten sich
schweigend vor dem Mahatma und gingen fort.

* * *

Die Jahre, die vergingen, müssen voller erstaun-
licher und lehrreicher Begebenheiten gewesen
sein, doch wir kennen leider keine Einzelheiten.
Sein gottgeweihtes Leben, das niemals unvoll-
kommen war, brauchte nicht über sich selbst
Buch führen. Die Gnade seines Gurus hatte ihm
viele besondere Gaben, viele außergewöhnliche
Kräfte verliehen.

In tiefer Selbstversenkung hielt er sich in ein-
samer Wildnis oder in dichten Wäldern auf, in
der Gesellschaft von Löwen und Tigern, Elefanten und Antilopen.

Nahrung fand er reichlich: Samen, Kräuter,
Wurzeln und Früchte. Nie bat er um Almosen
und nahm auch keinerlei Spenden an. Fernab
von der Gesellschaft, fern von den Verlockun-
gen des Weiblichen, unbelastet von finanziellen Sorgen lebte er wie ein Kind im Schoße
von Mutter Natur: Ihr Antlitz war Kashmir, ihre

Brüste waren Gangotri und Yamunotri und ihr
Körper waren die Berge, Wälder und Dschungel
des indischen Subkontinents.

5. Shri Swami Brahmanand Saraswati Maharaj

Als Guru-jis berühmter Schüler 36 Jahre alt war, wurde er auf der glückverheißenden Kumbh-Mela in Prayag formell in den Asketenorden aufgenommen. Guru-ji überreichte ihm einen Kamandalu (einen kesselförmigen Holztopf) und ein Kaupîn (einen kurzen Lendenschurz) und gab ihm den Namen »Shri Swami Brahmanand Saraswati Maharaj«.

Die vedische Zeremonie fand am heiligen Zusammenfluss der drei Flüsse, am Triveni Sangam, im Beisein vieler Brahmacharis, Sadhus und Dandi-Swamis statt, die zu diesem Anlass zu einem üppigen Festmahl geladen und mit reichen Geschenken beehrt wurden.

Maharaj Shri, dessen Darshan und Segen ohnehin schon sehr gefragt waren, wurde nun noch begehrter. Noch immer zog er die Abgeschiedenheit vor, aber wenn er Ortschaften wie Kashi, Prayag oder Ayodhya besuchte, sprach sich das in Windeseile herum und die Menschen drängten in seine Wohnung zum Darshan.

Seine ergebenen Gastgeber wussten um seine Vorliebe für die Einsamkeit und sorgten dafür, dass er sich im oberen Teil ihrer Gebäude für lange Zeit zurückziehen konnte, was er auch tat.

Darshan von ihm zu erhalten war zwar nicht unmöglich, aber doch ziemlich schwierig. Schon ab vier Uhr nachmittags begannen sich die Menschen zu versammeln, um auf sein Darshan zwischen halb neun und neun Uhr abends zu warten. Er ließ sich eine Liste der Menschen geben, die auf sein Darshan warteten, studierte diese eingehend und schickte dann an vielen Tagen um neun Uhr eine Nachricht an die auf Darshan Hoffenden: »Heute kein Treffen.« Er hatte dafür eigens ein Schild in Hindi anfertigen lassen mit der Aufschrift:

aj nahin milenge

Viele Menschen, denen die Enttäuschung ins Gesicht geschrieben stand, zogen sich nur ungern zurück, um ihr Glück an einem anderen Tag erneut zu versuchen. Manchmal erkundigte er sich nach etwa zwei Stunden, ob noch jemand geblieben sei. Wenn er eine positive Antwort erhielt, wie z. B. »zwei Personen«, sagte er: »Bittet sie zu mir nach oben.«

Wenn diese dann kamen, lobte er sie mit den Worten: »Das sind die wahren Sucher, die anderen waren nur gelegentliche Besucher.«

Er unterhielt sich angeregt mit ihnen und erzählte mit großem Vergnügen von seinen Erfahrungen, mit denen er seine Philosophie und Ethik veranschaulichte.

Gewöhnlich gab er ihnen wertvolle Hinweise und einen Schlüssel zu ihrem inneren Reichtum, der ihnen später half, ihre Probleme zu lösen, und ihr Leben bereicherte. Wenn sie gingen, dankten sie ihren Sternen, dass sie die lange Wartezeit auf sich genommen und ausgeharrt hatten.

6. Der Meister

1930 fand wieder – wie alle zwölf Jahre – die Kumbh-Mela in Prayag statt. Ein wohlhabender Anhänger von Maharaj Shri, Mr. Tiwari, hatte bereits Vorkehrungen für dessen Aufenthalt in Daraganj getroffen. Zehn Zimmer standen bereit und warteten sehnsüchtig darauf, durch die gütige Anwesenheit des Meisters gefüllt zu werden. In letzter Minute kam die Nachricht, dass Maharaj Shri den Trubel und das Gedränge der Kumbh-Massen in Prayag meiden wollte und bereits in einer Zelle im Mahadev-Tempel am Ufer des Ganges in Kaureshwar, einem ruhigen Ort zwölf Meilen westlich, untergekommen war. Seine Schüler, einige Dandi-Sannyasis, stand in der Nachricht, würden jedoch die für ihn reservierten Räume während der Dauer der Kumbh-Mela nutzen.

Obwohl Tiwari über die Programmänderung enttäuscht war, tröstete er sich damit, die Schüler von Maharaj Shri gebührend willkommen zu heißen. Kaum hatte er das getan, wurde er auf eine harte Probe gestellt.

Ein wichtiger Geschäftsfreund aus Kalkutta bat Tiwari, seine Familienangehörigen, die unbedingt die Kumbh-Mela in Prayag besuchen wollten, in seinem Haus in Daraganj unterzubringen. Tiwari wies den Geschäftsmann aus Kalkutta nicht ab und ersuchte Maharaj Shri, der sich entschieden hatte, sein Haus nicht zu beehren, seine Dandi-Sannyasis zu bitten, die Zimmer zugunsten der Familie seines reichen Freundes zu räumen.

Maharaj Shri antwortete: »Da du meine Schüler bereits herzlich willkommen geheißen hast, wäre es nicht ratsam, sie jetzt hinauszuwerfen und zu beleidigen. Ich schlage vor, für Seth-jis Familie eine andere Unterkunft zu finden.«

Tiwari fühlte sich zurückgewiesen und dachte sogar daran, die unschuldigen Sannyasis gewaltsam zu verjagen, aber Maharaj Shri sorgte dafür, dass ihm sein schändlicher Versuch nicht gelang – oder besser gesagt, dass er bei der göttlichen Prüfung nicht durchfiel. Als Freund konnte man auf Maharaj Shris Gnade zählen; und als Gegner auf seine gnadenvollen Zeichen.

* * *

Ein ergebener Anhänger von Maharaj Shri, ein gewisser Mr. Kuberdutt Ojha, wohnte ebenfalls in Daraganj, Prayag. Als er von Maharaj Shris Aufenthalt in Kaureshwar erfuhr, fuhr er täglich nach dem Dienst mit dem Fahrrad zu ihm, um sein Darshan zu erhalten. Während dieser Zeit ergab es sich, dass Maharaj Shris Guru-ji ebenfalls nach Prayag kam und sich im Ganga Bhavan in Daraganj aufhielt. Kuberdutt pflegte täglich beide Mahatmas zu besuchen und wurde zu einer Art Bote zwischen ihnen.

Als sich Guru-ji erkundigte, ob Maharaj Shri Prayag während der Kumbh-Mela besuchen wolle, kam die Antwort: »Höchstwahrscheinlich nicht.«

Abends erhielt Maharaj Shri den Kommentar Guru-jis zu seiner Antwort. »Was!«, rief Maharaj Shri aus. »Er sagt, es macht nichts, wenn ich nicht nach Prayag komme? Dann will er zu mir kommen und mich treffen? Guter Gott! *Er* will zu *mir* kommen und mich aufsuchen. Kuberdutt, bestelle sofort ein Auto, das mich morgen früh um 4 Uhr abholt, damit ich vor Sonnenaufgang in Daraganj bin.«

Kuberdutt kam Maharaj Shris Wunsch nach, der sich wie eine demütige Bitte anhörte.

Ein Wagen kam, und schon bald sah sich Maharaj Shri seinem verehrten Guru gegenüber. Er wollte sich wie üblich auf den Boden niederwerfen, doch Guru-ji nahm ihn in die Arme, ließ ihn neben sich auf seinem Podest Platz nehmen und dämpfte seine liebevollen Proteste mit den Worten: »Komm, komm, setz dich. Es ist richtig so, es ist angemessen.«

Etwa hundert Personen, die dort versammelt waren, wurden Zeuge dieses ungewöhnlichen Schauspiels, als sich Meister und Schüler übertrafen, ihre gegenseitige Verehrung auszudrücken. Wenn der höchste Zustand erreicht ist, wer ist dann Meister, wer ist Schüler?

»Du hast genug Zeit deines Lebens in Wäldern und Bergen verbracht«, sagte Guru-ji. »Halte dich jetzt mehr in Städten auf, damit die Menschen aus deinem großen Wissen Nutzen ziehen können. Schließlich bist du unübertroffen darin, Fragen zu beantworten und die Zweifel der Menschen zu zerstreuen.«

* * *

Einmal wurde Maharaj Shri Ziel einer lautstarken Attacke. Ein Mann, der wie ein Sadhu aussah, beschimpfte und kritisierte ihn laut und stieß eine Menge Obszönitäten aus. Die Ashrambewohner versuchten, den Eindringling zu beschwichtigen, und als ihn das nur noch wütender machte, wollten sie ihm eine ordentliche Tracht Prügel verpassen. Da ging Maharaj Shri dazwischen, rief sie beiseite und sagte: »Ich habe euch viele Lektionen über große und kleine Dinge erteilt, aber bisher konnte ich euch noch keine Lektion im Tolerieren von Intoleranz geben. Gott hat mir heute eine Gelegenheit gegeben, euch diese Lektion zu erteilen. Versucht, ruhig zu bleiben, während dieser Mann mich beschimpft.«

Ein Brahmachari sagte: »Verzeiht mir, aber laut Manu, dem obersten Gesetzgeber, soll man sich auf keinen Fall die Herabsetzung seines Gurus anhören.«

»Richtig, ganz richtig, es geht darum, nicht schlecht über seinen Guru zu denken. Aber im Augenblick möchte ich, dass ihr über die Frage nachdenkt: Ist es schädlich, kritisiert zu werden? Oder ist es nützlich? Glauben wir an die Fügung, wird geschehen, was geschehen soll, Erfolg oder Misserfolg, Glück oder Kummer – nichts kann durch irgendjemandes Kritik geändert werden. Wir können sie also genauso gut ignorieren.

Schriftgelehrte sind sogar der Meinung, dass Kritiker dazu beitragen, die Sünden der Weisen reinzuwaschen, und damit also ihre spirituelle Entwicklung eher fördern. Viele Heilige stellen ihre ärgsten Kritiker auf eine Stufe mit ihren treuesten Anhängern.

Die Anhänger dienen und verehren die Mahatmas und haben auch teil am Reichtum ihrer spirituellen Kräfte, die Kritiker aber nehmen nichts für sich selbst, sie waschen nur deren Sünden weg. Wir sollten also wirklich dankbar sein für den segensreichen Dienst, den sie leisten, und auf keinen Fall versuchen, ihre Kritik zu unterdrücken.«

So beschwichtigt, hörten die Ashrambewohner den spöttischen Tiraden des Sadhus schweigend zu, die weit über eine Stunde unvermindert anhielten. Danach setzte er sich unter einen schattigen Baum, um eine Weile auszuruhen. Maharaj Shri lud ihn nun ein und sagte: »Freund, du musst müde sein. Erlaube uns, dir einige Erfrischungen zu servieren.«

Nun wurde Maharaj Shris kritischer Gast von den Ashrambewohnern mit einem reichen Festmahl bewirtet. Als er sich zum Gehen anschickte, gab man ihm auf Geheiß seines Gastgebers zwei Rupien, damit er eine Pferdekutsche nehmen konnte.

Später erfuhr man, als er sich zu seinen Kameraden gesellte, habe er sein ungebührliches Verhalten bereut und nichts als Lob für Maharaj Shri übrig gehabt, was er am nächsten Tag im Ashram offen kundtat: »*Swami-ji ki jai ho! Swami-ji ki jai ho!* Ehre dem Meister! Ehre dem Meister!«

* * *

Maharaj Shri war in Prayag und wohnte im noblen Bungalow von Raja Dhingvas. Ganz in der Nähe wohnte auch ein Rechtsanwalt, einer seiner Anhänger, der gehört hatte, dass Maharaj Shri die ganze Nacht wach blieb und Hymnen sang. Da er sehr neugierig war, bat er eines Tages: »Maharaj, ich habe gehört, dass du die ganze Nacht hindurch sitzt, betest, meditierst und Loblieder auf den Herrn singst. Bitte erlaube mir, dies wenigstens einmal mitzuerleben.«

Maharaj Shri lächelte: »Kannst du denn die ganze Nacht über wach bleiben?«

»Ja, ich will es versuchen«, sagte der Anwalt.

»Gut. Mich stört es nicht im Geringsten. Aber hüte dich. Kein Wort darüber an irgendjemanden.«

Dennoch sprach es sich herum, dass der Anwalt eine Nacht mit Maharaj Shri verbracht hatte. Ein paar übelgesinnte Gerüchteschmiede leckten Blut und heckten einen Plan aus, um den Ruf des Heiligen in den Schmutz zu ziehen.

Sie suchten sich eine Prostituierte, bestachen sie mit viel Geld, verkleideten sie als Mann und schmuggelten sie unter die Menge der Darshan-Sucher. Sobald alle anderen gegangen wären, sollte sie sich Maharaj Shri unter irgendeinem Vorwand nähern und versuchen, ihn zu verführen. Als es aber soweit war, verlor sie die Nerven – oder weiß Gott. was passiert ist – stieß einen unheimliches Schrei aus und rannte die Treppe hinunter. Die unten wartenden Intriganten fragten, was mit ihr los sei. »Oh! Mein Körper! Alles tut mir weh! Wie konnte ich nur auf euch hören? ... Er ist ein Heiliger. Ein Heiliger.«

Unterscheidet ein Heiliger zwischen einem Mann und einer Frau, zwischen einem Mann und einem anderen? Vielleicht muss man ein Heiliger sein, um einen Heiligen beurteilen zu können.

Als Brahmachari hatte er gelobt, keine Frau zu berühren, und hatte strenge Anweisungen gegeben, Frauen (und Unberührbaren) den Zutritt zu seinem Platz im Ashram zu verwehren. Wollten sie sich vor ihm verneigen oder sein

Darshan haben, so konnten sie das am Tor des Ashrams tun, wenn er herein- oder hinausging.

Einmal wohnte er in Prayag in einem Haus am Ufer des Ganges. Eine Witwe aus der angesehenen Familie von Pandit Madan Mohan Malaviya, einem der bedeutendsten Freiheitskämpfer Indiens, bat, ihn in seinem Haus besuchen zu dürfen. Gemäß seinen Regeln wurde die Bitte abgelehnt. Als gelehrte Dame, die die Gesellschaft frommer Menschen liebte, schrieb sie ihm einen Brief und verlangte eine Erklärung: Er stamme doch selbst von einer Frau ab, die er wahrscheinlich sehr liebte, warum behandelte er nun Frauen wie Unberührbare?

Maharaj Shri hielt sie ein paar Tage hin, aber als sie über einen Boten auf einer sofortigen Antwort bestand, schrieb er: »Ich habe neun Monate in engem Kontakt mit euch Frauenzimmern verbracht. Wie schäbig wurde ich behandelt! Kopfüber hing ich in Einzelhaft in einer dunklen, feuchten, schmuddeligen Zelle, diese Tage werde ich nie vergessen. Das ist der Grund, warum ich jegliche Lust an eurer Gesellschaft verloren habe. Der Töpfer formt einen Wassertopf und erschafft ihn. Der Wassertopf findet den Weg ins Allerheiligste, aber der

Töpfer muss draußen bleiben, ihm ist der Zugang ins Heiligtum verwehrt.«

Die Dame las den Brief und erkundigte sich nach dem Tagesablauf von Maharaj Shri und seinem Programm während der nächsten Tage. Am folgenden Morgen fuhr er um 4 Uhr früh mit dem Boot zum Sangam und nahm gerade sein Bad am heiligen Zusammenfluss des Ganges, als eine glückselige Frau aus dem Wasser auftauchte und freudestrahlend rief: »Hier hat jeder das Recht auf Euren Darshan!«

* * *

Ein reicher Kaufmann aus Kalkutta besuchte Prayag häufig wegen eines Prozesses vor dem Obersten Gerichtshof. Manchmal, wenn er ein Bad im Ganges nahm, besuchte er auch Maharaj Shri in Daraganj. Die charismatische Persönlichkeit von Maharaj Shri zog ihn an – was sehr häufig vorkam –, sodass er immer öfter zum Darshan kam. Der Kaufmann erzählte Maharaj Shri von seinem Prozess beim Obersten Gericht und hoffte mit seinem Segen auf ein Urteil zu seinen Gunsten. Maharaj Shri hörte ihm zu, hüllte sich aber in vibrierendes Schweigen. Doch, wie es solchen Bittstellern oft erging: Der Kaufmann gewann.

In Indien bringen die Menschen ihre Opfergaben oft in einer Dona dar, einem Becher aus trockenen, zusammengefalteten Blättern. Als der Kaufmann aus Freude über seinen Sieg zum nächsten Darshan kam, nahm er eine Dona mit. Die Dona war mit goldenen Sovereigns gefüllt, die unter einer Schicht duftender Jasminblüten verborgen lagen. Er stellte sie in die Nähe von Maharaj Shris Füßen und warf sich vor ihm nieder. Die religiöse Versammlung dauerte bis spät in die Nacht, bis sich Maharaj Shri in seine Privaträume zurückzog und der Kaufmann und alle anderen Besucher nach Hause gingen. Am nächsten Morgen entdeckte der Brahmachari, der den Platz aufräumte, die mit Goldmünzen gefüllte Dona und meldete dies dem Meister. Maharaj Shri gab sofort Anweisung, wenn der Kaufmann am Abend zum Darshan käme, sollte er am Tor aufgehalten und nicht ohne seine ausdrückliche Erlaubnis eingelassen werden. Als der Kaufmann am Abend kam, war er entsetzt, dass er quälende zweieinhalb Stunden am Tor warten musste, bevor er eingelassen wurde und Maharaj Shris Darshan erhalten konnte.

»Du bietest uns Sovereigns an, nicht wahr? Denen, die sie brauchen, gibst du keine. Denen, die darum bitten, gibst du keine. Warum also gibst du sie uns? Brauche ich etwa Geld, um einen Sohn oder eine Tochter zu verheiraten? … Geh, nimm deine Goldmünzen und schenke sie denen, die sich nach Geld sehnen.«

Maharaj Shri gab die Sovereigns zurück und fügte hinzu: »Hier brauchen wir dein Geld nicht. Wenn du eine Opfergabe darbringen willst, dann opfere nicht dein Geld, sondern deine Mängel, damit du Erlösung findest und heil wirst.«

∗ ∗ ∗

Wohin gehen wir von hier aus? Wir wissen es nicht. Aber Maharaj Shri ging dorthin, wohin seine Füße ihn trugen. Gewöhnlich führten sie ihn geradeaus. Er überquerte Gräben, sprang über Hürden, lief unbefugt über Felder. Ausgebaute Straßen und ausgetretene Pfade versuchte er zu vermeiden.

Manchmal wurde er angeschrien: »He! Runter von meinem Feld! Bleib gefälligst auf den Wegen.«

Dann antwortete er: »Verzeiht mir, mein Herr, meinen schlechten Orientierungssinn. Ich bin immer nur den geraden Weg der Entsagung gegangen und weiß nicht, wie man die weichen Kurven des Materialismus nimmt.«

78

Zu anderen Gelegenheiten wurde er, anstatt ermahnt zu werden, von einer Menge von Anhängern verfolgt.

Einmal bemerkte er einen Tumult hinter sich, schaute zurück und sah, wie sie etwas von dem Weg aufhoben, den er gegangen war. »Was machen die Leute da?«, fragte er.

»Sie sammeln den Staub von da, wo Eure Füße den Boden berührten.«

Das war höchstes Handeln in vollkommenem Einklang mit dem Unendlichen.

* * *

Auf seiner Wanderschaft kam er in ein Dorf in der Nähe von Manikpur. Seine heilige Erscheinung zog sofort die Aufmerksamkeit der Dorfbewohner auf sich und bewirkte ihre wärmste Gastfreundschaft.

»Gibt es in dieser Gegend einen abgelegenen Ort, wo ich in Stille und Einsamkeit meditieren kann?«, fragte er.

Ja, etwa fünf Meilen entfernt gäbe es eine Höhle, erklärte man ihm. Aber sie liege mitten im dichten Dschungel voller wilder Tiere. Außerdem erzählten sie ihm über die Höhle folgende Geschichte: Einst wurde der Sohn des Dorf-Samindars vom Drang nach Entsagung ergriffen. Er bat seine Gefolgsleute, sich zu bewaffnen und ihn sicher zur Höhle zu geleiten. Als sie die Höhle erreichten, befahl er den anderen, nach Hause zu gehen und verschwand in der Höhle.

Seine Leute beschlossen aber, die Nacht in der Nähe zu verbringen und ließen sich unter einem Busch nieder. In der Nacht hörten sie aus der Höhle seltsames Frauengelächter und Geräusche von Hieben und Schlägen gegen die Höhlenwände. Niemand getraute sich in dieser schaurigen Nacht in die Höhle.

Am nächsten Morgen, als sie die Höhle betraten, fanden sie den jungen Mann bewusstlos und am ganzen Körper mit blutigen Handabdrücken übersät am Boden liegen. Sie hoben ihn auf und trugen ihn nach Hause.

»Das will ich sehen«, murmelte Maharaj Shri, und ohne jemandem etwas zu sagen, machte er sich nach einer Weile Richtung Höhle auf. Die fünf Meilen legte er in zwei Stunden zurück. Er schaute sich um und sah, dass es ein betörender Ort war, ideal geeignet für seine Begegnung mit sich selbst. Völlig entspannt und völlig furchtlos ließ er sich unter einem Baum nieder.

Die Nacht brach an, kohlrabenschwarz.

Aber da: Plötzlich wurde es hell wie der Tag. Im Umkreis von einer Viertelmeile leuchtete der ganze Wald in übernatürlicher Illumination. Noch immer ruhig und unaufgeregt zog er einen Kreis um seinen Platz und wartete. Langsam änderte das Licht die Farbe und wurde zu einem grellen, fluoreszierenden Blau. Er sah Weise aus fernen Zeiten an ihm vorüberziehen. Dann war da das Bild von Rama, Lakshman und Sita im Wald. Dann Krischna als Kind mit verführerischem Lächeln.

Schließlich, nach einer halben Stunde einer Art fantastischen, mehrdimensionalen Films, wurde es wieder dunkel. Nimbuswolken zogen am Himmel auf. Es donnerte. Es regnete. Hagelkörner fielen vom Himmel. Und Knochen. Und Blut. Maharaj Shri saß still und sicher in der Festung seines kleinen Kreises und beobachtete die seltsamen, traumartigen Ereignisse.

Endlich, nachdem er sah, dass seine außergewöhnliche Vorführung nicht den geringsten Eindruck auf sein Ein-Mahatma-Publikum gemacht hatte, trat der Produzent und Regisseur hinter der Leinwand hervor. Er ritt auf einem Löwen daher und fragte: »Wer bist du und warum bist du hierher gekommen?«

Maharaj Shri sah vor sich einen Riesen von einem Mann. Die Strähnen seines verfilzten Haares streiften den Boden. Seine Augen waren halb hinter großen buschigen Augenbrauen verborgen.

Maharaj Shri schenkte ihm ein Lächeln und stellte eine Gegenfrage: »Wem hast du dein kleines Theaterstück gezeigt?«

Nun sah sich der Aghori-Mahatma, eine Art zauberkundiger Weiser, in der Defensive und sagte eher kleinlaut: »Wenn du hier etwas brauchst, sag es mir bitte. Ich kann dir sofort besorgen, was du willst. Aber bitte stell dich wenigstens vor.«

Kam die Antwort: »Wenn du fähig bist, meine Wünsche zu erfüllen, müsstest du eigentlich auch in der Lage sein, herauszufinden, wer ich bin und warum ich hierher kam. Ich habe keine Wünsche. Durch die Gnade meines Gurus bin ich vollkommen zufrieden.«

Als der Aghori darauf bestand, dass ihn Maharaj Shri um etwas bitten solle, fragte Maharaj Shri nur: »Bist du hergekommen, um mich zu verführen? Willst du mich erniedrigen?«

Der Aghori, der nun völlig überzeugt war, dass hier jemand war, dessen Schätze seine eigenen übertrafen, sagte: »Verzeih mir. Ich habe mich ungebührlich verhalten. Du bist der erste Mann, der sich vor mir behauptet hat. In den zweihundertfünfzig Jahren, die ich in diesem Dschungel verbracht habe, habe ich noch niemanden getroffen, der so reich ausgestattet war wie du. Bitte verzeih mir.«

Er hielt eine Weile inne und fügte dann hinzu: »Bitte bleibe, so lange du willst. Und solltest du mich für geeignet halten, dir in irgendeiner Weise zu dienen, bitte ... zögere nicht ...!«

Maharaj Shri wiederholte, alle seine Bedürfnisse seien vollständig gestillt. Er war auf der Wanderschaft vorbeigekommen, und er würde weiter auf die Wanderschaft gehen. Und so war es. Ein paar Tage später verließ er den Ort, sodass der Aghori weiterhin ungehindert seine Scheinwelten inszenieren konnte, was ihn wahrscheinlich an die Welt gefesselt hielt.

∗ ∗ ∗

Einmal ging er auf einem Trampelpfad im dichten Dschungel spazieren, da sah er in einiger Entfernung einen Löwen stehen, der ihm den Weg versperrte. Forschen Schrittes ging er unbekümmert immer näher auf ihn zu, und kurz

vor ihm sprach er zu ihm wie ein Geschöpf
Gottes zum anderen: »Es gehört sich nicht für
einen König, anderen Menschen im Wege zu
stehen.« Der Löwe wedelte zur Bestätigung mit
dem Schwanz und trat beiseite, um einen wohl
größeren Löwen vorbeizulassen.

* * *

Auf seinen Reisen kam Maharaj Shri an einem
prächtigen Banyan-Baum vorbei. Direkt da-
neben war eine steile Klippe, anscheinend der
einzige Zugang zu einem atemberaubend schönen Talkessel mit kristallklarer Quelle. Wie
Tarzan ergriff er die sehnigen Banyan-Zweige
und schwang sich glückselig in den Abgrund.
Neben der Quelle fand er eine vom göttlichen
Architekten herrlich gestaltete Höhle, und als
Nahrung einen unterirdischen Vorrat an Süß-
kartoffeln. Kein Millionär hätte sich einen solchen Luxus leisten können, doch Maharaj Shri
war weit mehr als ein Multimillionär. Stilvoll
und würdig wohnte er in diesem palastartigen
Garten Eden, der offensichtlich eigens für ihn
angelegt worden war. Wie ein aristokratischer
Adam verbrachte er dort viele, viele Monate.

Damals wurde Indien von den Briten regiert,
die eine Vorliebe für die Großwildjagd hatten.

Ein Engländer fand Maharaj Shris »Landsitz« für diese Art Sport geeignet und arrangierte eine Löwenjagd. Die Dorfbewohner brachten einen Büffel als Köder, banden ihn in der Nähe der Quelle sicher an und gingen weg. Der Jäger suchte sich in einiger Entfernung einen Aussichtspunkt und wartete mit seinen Männern auf seine Beute.

Der Büffel versuchte wie wild, sich zu befreien, verletzte sich dabei und brüllte stundenlang vor Schmerzen. Maharaj Shri hörte den Klageschrei des Tieres und ging mitten in der Nacht hinaus, um nachzusehen, was los war. Er legte das starke Seil über einen großen Stein und schlug mit einem zweiten Stein solange darauf, bis es durchtrennt war. Der Büffel rannte davon, und Maharaj Shri kehrte in seine Meditationshöhle zurück.

Im Morgengrauen stellte die Jagdgesellschaft nach anstrengender Nachtwache zu ihrem Leidwesen fest, dass jemand das Seil gekappt und den Büffel befreit hatte. Der wütende Engländer fluchte und stieß die derbsten Schimpfwörter aus. Die gottesfürchtigen Dorfbewohner wollten ihn beschwichtigen und erklärten: »Das war sicher der Mahatma, der hier in der Gegend lebt. Es ist nicht richtig, schlecht über ihn zu sprechen.«

»Was für ein Mahatma?«, rief die stolze Frau des Engländers, die sich gerade zu der Gruppe gesellt hatte. »Wie kann er es wagen, uns das anzutun. Wer ist er überhaupt, dass er uns den Spaß verdirbt? Wir sind die Herrscher dieses Landes. Dieses Land gehört uns. Dieser Wald gehört uns. Wir können hier tun, was uns beliebt. Sagt eurem Mahatma, er soll sich um seine eigenen Angelegenheiten kümmern, sonst …«

Weiter kam sie nicht, denn plötzlich spürte sie einen stechenden Schmerz im Magen. Ihre Verdauung hörte unvermittelt auf und ihr Körper schwoll bedenklich an. Die Dorfbewohner rieten dem Engländer, den Mahatma aufzusuchen und ihn zu bitten, seine Frau zu heilen.

Nach kurzer Suche wurde der löwenherzige Mahatma ausfindig gemacht.

Als Maharaj Shri die bunt zusammengewürfelte Gruppe sah, sagte er: »Dieser Urwald ist so riesig. Warum musstet ihr ausgerechnet vor meinen Augen Gewalt planen? Letzte Nacht musste ich hinausgehen und den leidenden Büffel befreien.«

Der Engländer war von der majestätischen Erscheinung des Einsiedlers sichtlich beeindruckt und sagte: »Bitte verzeiht mir und meiner Frau. Bitte helft ihr, wenn ihr könnt. Ich verspreche Euch, nie wieder hier zu jagen.«

»Gut, gut, ihr könnt alle gehen«, sagte Maharaj Shri.

Als sie sich zum Gehen wandten, stellten sie plötzlich fest, dass es der Dame auf wundersame Weise wieder gut ging.

* * *

Nach sechs Monaten in seinem luxuriösen Dschungelanwesen zog Maharaj Shri weiter, um seine Erkundungen fortzusetzen. Einmal hielt er sich in einem kleinen Dorf in der Nähe des Rewa-Dschungels auf. Sein glühender Verehrer Kuberdutt Ojha bekam Wind davon und reiste in das Dorf. Maharaj Shri, dem es Spaß machte, seinen Anhängern den vollen Nervenkitzel der Verfolgung zu bieten, verschwand im Dschungel, als Kuberdutt am Abend eintraf.

Kuberdutt folgte ihm zwei Meilen weit in den Dschungel, als die Nacht hereinbrach. Maharaj Shri blieb unter einem Baum stehen und sprach zu Kuberdutt. Er bat ihn, sich hinzusetzen und zu warten, und verschwand.

Etwas widerwillig setzte sich Kuberdutt und fragte sich, warum sie das gemütliche Dorf verlassen und eine hungrige Nacht in der Dunkelheit des Dschungels verbringen mussten.

Da erschien von irgendwoher ein Mann und reichte ihm einen kleinen Topf mit den Worten: »Bitte behalte das, es ist für euch.«

»Wer bist du? Woher kommst du? Was hast du gebracht?«

»Nimm nur«, sagte der Fremde, »und gib es Maharaj Shri, wenn er kommt.«

Mit diesen Worten ging er eilig fort. Als Maharaj Shri kurz darauf zurückkehrte, berichtete ihm Kuberdutt den ungewöhnlichen Vorfall. »Schau doch mal nach, was in dem Topf ist«, sagte Maharaj Shri in sachlichem Ton.

»Er ist voller frischer Sahne!«, rief Kuberdutt.

»Nun iss nach Herzenslust und hör auf, dich zu fragen, wer das gebracht hat. In Zukunft nimm einfach, was kommt, und frage nicht.«

* * *

Ein andermal saß Maharaj Shri nachts mit einem Brahmachari an einem einsamen Ort, als ein Mann kam und für beide ein üppiges Abendessen auspackte. Als Maharaj Shri den neugierigen Gesichtsausdruck des Brahmachari sah, erkundigte er sich nach Namen und Anschrift des Spenders und forderte den Brahmachari auf, sich alles zu notieren.

Am nächsten Morgen schickte er den Brahmachari los, den Spender aufzusuchen. Es dauerte eine geraume Zeit, bis er das Dorf gefunden hatte, dessen Namen er sich notiert hatte. Und tatsächlich wohnte in dem Dorf ein Mann mit diesem Namen.

Aber hatte er in jener Nacht das Abendessen geschickt?

Nein!

* * *

Ein ungewöhnlicher Mensch war Maharaj Shri. Hier war einer, der nichts brauchte. Hier war einer, der in jeder Hinsicht selbstgenügsam war, ein vollkommener Mensch, ein ganzer Mensch, ein heiliger Mensch. Er besaß das, durch dessen Besitz man alles besitzt. Er wusste das, wodurch man alles wusste.

Und doch war er ein Mensch. Für viele war er ein gewöhnlicher Mensch. Für viele schien er etwas Besonderes an sich zu haben. Doch für die wenigen Scharfsinnigen war er ein ganz außergewöhnlicher Mensch.

Shri Gurudeva mit einigen Schülern in Mussurie.
Maharishi Mahesh Yogi ist ganz rechts zu sehen.

7. Shankaracharya von Jyotirmath, Badrikashram

Vor etwa fünfzehnhundert Jahren hatte Shrimad Adi Shankaracharya das Verständnis und die Befolgung der vedischen Tradition wieder neu belebt. Das Wissen der Upanishaden und der Bhagavad Gita wurde den Menschen wieder in seiner kristallklaren Form nahe gebracht. Es war der Beginn einer neuen ethischen Ära in der Geschichte der indischen Kultur.

Um ein beständiges moralisches Erwachen der Gesellschaft zu sichern, hatte Acharya Shankara in den bekannten hinduistischen Bildungszentren in vier Teilen des indischen Subkontinents vier große Shankaracharya-Sitze eingerichtet.

Der nördliche Sitz von Jyotirmath war seit einhundertfünfundsechzig Jahren verwaist, als die indische Religionsföderation, unterstützt von vielen Fürstenstaaten, 1940 eine geeignete Person suchte, um diesem ehrwürdigen Sitz wieder zu neuem Glanz zu verhelfen. Der Tradition nach konnte nur jemand aus einer tugendhaften und angesehenen Brahmanenfamilie, der durch die Guru-Schüler-Kette mit einem der Shankaracharya-Maths verbunden war, diesen Platz einnehmen. Er musste ein Dandi-Swami sein, der nach den traditionellen Riten in den asketischen Orden eingetreten war. Er musste gelehrt, aufrecht, intelligent, gebildet und in den Veden bewandert sein, das Kastensystem respektieren und das Prinzip von Advaita – des kosmischen Einsseins – verkörpern. Er sollte frei von Begierde und völlig selbstbeherrscht sein, ein Experte in der Verbreitung von Techniken des Yoga, der Vereinigung mit dem Göttlichen.

Ein solcher Mensch war Maharaj Shri, der inzwischen siebzig Jahre alt war. Aber würde er bereit sein, die Ruhe, die er so liebte, aufzugeben und die Verantwortung für die Verwaltung und Wiederherstellung des ursprünglichen Glanzes der Shankaracharya-Institution zu übernehmen?

Nachdem ihn viele Menschen aus unterschiedlichen gesellschaftlichen Bereichen bedrängt hatten, stimmte er dem Vorschlag endlich widerwillig zu. Vorbereitungen für die Amtseinsetzung wurden getroffen und Delegierte aus ganz Indien wurden eingeladen, den

Zeremonien in Varanasi beizuwohnen, die Teil der Beratungen des neunten All India Sanatan Dharma Sammelan sein sollten.

Doch zwei Tage vor dem großen Tag verschwand Maharaj Shri. Er war einfach weg! Vielleicht in der Hoffnung, dass die große Show ohne ihn ablaufen und ein anderer an seiner Stelle eingesetzt würde, blieb er viele Tage lang in seinem Versteck.

Das löste einen Aufschrei der Empörung über sein trickreiches Verschwinden aus. Gerüchte wurden in die Welt gesetzt. Einige sprachen sich dafür aus, einen anderen zum Shankaracharya zu ernennen, aber Swami Gyanand-ji Maharaj, eine angesehene Führungspersönlichkeit, plädierte für eine ruhige und unaufgeregte Beurteilung der Situation und eine Verschiebung der Konferenz. Durch eine Reihe von Telegrammen und Anrufen in letzter Minute wurde das Treffen auf unbestimmte Zeit vertagt, während die Suche nach dem Verbleib von Maharaj Shri begann.

Einundzwanzig Tage später tauchte Maharaj Shri aus eigenem Antrieb wieder in Varanasi auf. Die Nachricht von seiner Ankunft verbreitete sich wie ein Lauffeuer, und innerhalb einer

Stunde, gegen 23 Uhr, trat eine Gruppe gelehrter Personen an ihn heran und wiederholte die Bitte, seine Ernennung zum Oberhaupt von Jyotirmath anzunehmen, da nur er in der Lage sei, den heiligen Geist dieses Shankaracharya-Sitzes wiederzubeleben, der 165 Jahre lang unbesetzt geblieben war.

Shri Charan schwieg dazu, was als Zustimmung gewertet wurde. Diesmal wurde er nicht gebeten, sich zu einer formellen Einsetzungszeremonie in der Konferenzhalle einzufinden.

Bei Sonnenaufgang am 1. April 1941 traf eine kleine Delegation ausgewählter Personen unter der Leitung von Swami Gyananandji Maharaj in seinem Ashram in Sidhigiribagh ein. Diesen Ashram, bekannt als Brahmniwas, hatte Maharaj Shri fünf Jahre zuvor im Gedenken an seinen Guru errichtet, in dessen Namen er auch den Shri 1008 Swami Krishnanand Saraswati Trust gegründet hatte.

Den vorgeschriebenen Riten entsprechend wurde Maharaj Shri gesalbt. Nach dem Ritual wurde er in einer großen Prozession zum Veranstaltungsort der Konferenz gebracht, wo er unter dem Klang von Muschelhörnern und dem Gesang vedischer Hymnen begeistert empfangen

wurde. Der Maharaja des Staates Darbhanga
lobte Maharaj Shri und erklärte ihn formell zu
Shri Jyotishpîthodwarak Brahmlîn Jagadguru Bhagwan Shankaracharya Shrimad Swami
Brahmananda Saraswati-ji Maharaj, dem Oberhaupt des wiedererrichteten Jyotirmath, Badri-
kashram.

8. Der Gottesmensch

Acharya Shri hatte zwei Hauptaufgaben zu erfüllen, nachdem er dieses Amt übernommen hatte: die Institution und den Tempel in Jyotirmath wieder aufbauen und Shankaracharyas Botschaft verbreiten. Vor allem musste Nordindien eine transzendentale Erneuerung erfahren. Man schlug vor, für diesen Zweck in den großen Städten Delhi, Bombay und Kalkutta Gelder zu sammeln, aber das wischte Maharaj Shri gleich vom Tisch. Er übernahm selbst die volle Verantwortung für die Verwaltung der Finanzen und führte das Ganze in seinem eigenen, unnachahmlichen Stil durch.

Er begann mit einer beeindruckenden Rundreise durch Südindien und nahm auf seiner Rückreise am Maharudra Yagya in Budhanpur in Madhya Pradesh teil. Ständig war er unterwegs und wurde überall, wo er erschien, mit großem Jubel empfangen. Wie ein starker Magnet zog er die Massen an. Sein Darshan war jetzt leicht zu erhalten, barg aber das »Risiko« einer lebenslangen Hingabe an ihn.

Alle, die in seine Aura gerieten, wurden Teil seiner »Armee«. Wenn man ihn fragte, wie man ihm am besten dienen könnte, riet er, dem eigenen Guru treu zu bleiben, dessen Lehre aufrichtig und mit Ausdauer zu folgen und ein diszipliniertes und vereintes Werkzeug des göttlichen Wirkens zu werden.

Er führte zahlreiche Chaturmasya Vrats an verschiedenen Orten durch und war der Anziehungspunkt bei der großen Kumbh-Mela von Allahabad im Januar 1942. In Delhi leitete er das große Shatmukh Koti Homatmak Maha Yagya.

Es war ein denkwürdiges Ereignis, als sich an einem kalten Wintermorgen Tausende von Menschen am Ufer der Yamuna versammelten, um die erforderlichen Zeremonien durchzuführen. Auch der Regengott schien eifrig dabei sein zu wollen. Der Himmel war mit dicken schwarzen Wolken bedeckt. Es blitzte und donnerte, und es sah aus, als sei es nur eine Frage von Minuten, bis es in Strömen regnen und hageln würde. Was für eine Verwüstung würde das anrichten!

Acharya Shri kam aus seinem Zelt, schaute zum Himmel auf und sagte leise: »Wenn es jetzt regnet, wird das großen Schaden anrichten«, und ging zurück in sein Zelt. Eine Stunde später sah der Himmel völlig anders aus. Keine Wolken mehr, eine leichte Brise und Sonnenschein!

Bei seinem zweiten Besuch auf dem Institutsgelände in Jyotishpîth war es genau umgekehrt. Die Bergbauern der Umgebung stöhnten über die Dürre. Seit drei Monaten hatte es nicht geregnet. Der Himmel blieb wolkenlos. Am Tag, als Maharaj Shri ankam, sammelten sich am Himmel erste Wolken. Am nächsten Tag begann es zu regnen, und zwar vier Tage lang ununterbrochen. Wir können uns denken, welch herzlichen Empfang ihm die einfachen Bauern daraufhin bereiteten.

Dank der Bemühungen der Organisation, die ihn nominiert hatte, und der Unterstützung des stellvertretenden Kommissars Sir James Clay gelang es Acharya Shri, das Land des Jyotishpîth wieder in Besitz zu nehmen. Pläne wurden gezeichnet und der Bau des beeindruckenden zweistöckigen Gebäudes begonnen. Materialien wie Farben, Nägel, Bolzen und Knöpfe waren vor Ort nicht erhältlich und mussten auf dem Postweg beschafft werden, was mehrere tausend Rupien kostete. Aber alles ging zügig voran, und schon bald war das Jyotishpîth Bhavan mit seinen dreißig Räumen fertiggestellt und wurde zu einem Anlaufpunkt für Pilger auf ihrem Weg nach Badrinarayan. Diese besuchten auch den schönen Tempel von Purnagiri Devi, der etwas weiter entfernt liegt. Der Herrscher von Darbhanga hatte kurz vor seinem Tod mit dem Bau dieses Tempels begonnen. Acharya Shri ließ ihn fertigstellen.

Mit seinen ausgedehnten Reisen, seiner anziehenden Persönlichkeit und seinen klaren, auf Erfahrung beruhenden Vorträgen wurde gleichsam der Geist von Shankaracharya in Nordindien wiederbelebt. Für fast alles gab es eine Erklärung, vielleicht sogar für die magische Anziehungskraft auf seine Zuhörer. Aber woher nahm er das Geld für die großzügigen Ausgaben, die er tätigte? Er suchte keine Fördergelder und nahm keine Spenden an. Er hatte sogar im Jyotishpîth Bhavan ein Schild aufstellen lassen, auf dem stand: »Der verehrungswürdige, unendlich beschenkte Weltenlehrer, der Shankaracharya Jyotishpîthadhîshwar, Swami Brahmananda Saraswati-ji Maharaj verbietet allen, die zu Darshan, Puja, Diksha und so weiter zu ihm kommen, jegliche finanziellen Gaben zu bringen.«

Der Titel »unendlich beschenkt«, den ihm seine Anhänger gegeben hatten, wurde zum ersten Mal vor dem Namen eines Shankaracharya verwendet, als würde dies seine unbegrenzten finanziellen Kapazitäten erklären.

In diesem Zusammenhang gibt es eine interessante Begebenheit: Im Jahr 1950 hielt sich Acharya Shri in Lucknow auf. Der Raja des Staates Dalîpur, Shri Pashupati Pratap Singh, war für seinen Darshan dorthin gekommen. Eines Tages schlug ihm der Raja vor: »Ich habe ein Haus in Allahabad, das ich gerne dem Jyotirmath stiften würde, damit ihr einen Shankaracharya Ashram in dieser heiligen Stadt habt.«

Acharya Shri lehnte das Angebot ab mit der Begründung, er nehme keine Spenden an. Als der Raja aber auf seinem Angebot beharrte, erklärte sich Acharya Shri bereit, das Grundstück regulär zu kaufen und den Kaufvertrag auf seinen Namen ausstellen zu lassen. Dann rief er den Sekretär des Rajas an und fragte ihn nach dem Preis. »Letztes Jahr«, sagte der Sekretär, »boten wir das Grundstück für 100.000 Rupien zum Verkauf an, aber das höchste Angebot lag bei 65.000 Rupien, und so kam das Geschäft nicht zustande.«

Acharya Shri dachte wohl, wenn er fünfundsechzigtausend Rupien aus seiner stillen Reserve holen konnte, könnte er auch hunderttausend bekommen. Er überreichte dem Raja von Dalîpur am nächsten Tag das Geld und schickte auf dessen Bitte hin einen Mann mit ihm nach Allahabad, um den Kauf beurkunden zu lassen.

So geschah es. Aber das löste einen Sturm von Gerüchten aus. Wie kam Acharya Shri an hunderttausend Rupien, wenn er doch nie Spenden annahm und keine regelmäßige Einnahmequelle hatte? Der Notar wurde gefragt, ob bei der Registrierung tatsächlich Geld gezahlt worden sei. Ja, er habe es mit eigenen Augen gesehen. Seien die Scheine echt gewesen? Ja, sie sahen wie echte Geldscheine aus. Als Acharya Shri zwei Monate später Allahabad besuchte, fragten ihn die Leute: »Maharaj Shri, Ihr nehmt von niemandem Geld an, und doch habt Ihr dem Raja hunderttausend Rupien gegeben. Woher kam das Geld?«

»Kein Mensch war daran beteiligt«, war die kryptische Antwort. Aber das befriedigte seine Zuhörer nicht. Immer wieder bedrängten sie ihn, das Geheimnis zu lüften. Also versuchte er es: »Zur Zeit des Mahabharata, als die Kauravas schamlos versuchten, Draupadi zu entblößen und ihren Sari abzuwickeln, woher kam da Meter um Meter des Saris, den sie trug? Der Stoff war von gleicher Farbe und gleichem Muster, Tausende von Metern. Kein Unterschied in den Farben. Kein Unterschied im Muster. Dieselbe Farbe, dasselbe Muster, Meter für Meter … Wenn Gott gibt, gibt er alles, was gebraucht wird: das Ganze – das Wirkliche. Was zur Zeit des Mahabharata geschehen konnte, kann auch heute geschehen. Gott hat sich nicht verändert. Er ist jenseits aller Veränderung.«

Acharya Shri veränderte, baute um und erweiterte das Anwesen, das er erworben hatte. Es besteht aus unzähligen Räumen, kann Hunderte von Anhängern, Asketen und Brahmacharis beherbergen und ist als »Brahma Nivas« bekannt.

Einen Monat lang blieb er in Allahabad, dann ging er nach Varanasi. Von Varanasi ging er nach Kalkutta, wo die Indische Philosophische Gesellschaft ihr goldenes Jubiläum feierte. Er war gebeten worden, die Versammlung zu leiten. Viele Philosophen, Denker, Intellektuelle und Sozialwissenschaftler aus der ganzen Welt waren angereist, um an den Feierlichkeiten teilzunehmen. Acharya Shri hielt eine tiefgründige

Ansprache, die ihm viele neue Bewunderer unter den Anwesenden einbrachte.

Am nächsten Tag um 22 Uhr erhielt er Besuch von Dr. Sarvepalli Radhakrishnan, einem der bedeutendsten indischen Philosophen der Neuzeit. In seiner Begleitung befanden sich zwei bekannte amerikanische Philosophen, Dr. Kangar und Dr. Shilpe.

Es gab keinen Termin im eigentlichen Sinne, und Acharya Shri versuchte, sie gewohnheitsmäßig zu vertrösten, aber auf Zureden seines Dieners willigte er ein, sie für ein paar Minuten zu empfangen. Sie wurden in sein persönliches Zimmer geführt, wo sie ihn begrüßten und sich auf den Teppich setzten.

Nachdem sie sich vorgestellt hatten, sagte Dr. Radhakrishnan: »Dr. Kangar würde von Maharaj Shri gerne etwas über Vedanta hören. Er bittet um Eure Unterstützung bei der Erfahrung des Wesens der Wahrheit.«

Acharya Shri antwortete: »Die vedantische Wahrheit ist selbsterklärend und in sich vollständig. Sie ist das Licht selbst. Sie braucht kein anderes Licht, um sie zu erhellen.«

Dr. Kangar zeigte großes Interesse und sagte: »Aber man kann doch nicht sagen, dass die in den Veden erwähnten Techniken, um zur Höchsten Essenz zu gelangen, keinen Nutzen hätten.«

Acharya Shri verdeutlichte: »Die Techniken sind nicht dazu da, Licht auf das Wesen von Brahman zu werfen. Sie dienen nur dazu, die Dunkelheit der Unwissenheit ein wenig zu vertreiben. Sie zerstören nach und nach die Unwissenheit, aber sie erhellen nicht Brahman. Brahman selbst ist die Erleuchtung. Kein anderes Licht ist nötig, um Brahman zu erleuchten – so wie die Sonne selbstleuchtend ist und kein anderes Licht braucht, um sie zu erhellen. Vor Sonnenaufgang vertreibt die Morgendämmerung die Dunkelheit der Nacht, aber sie erleuchtet nicht die Sonne, denn die Sonne selbst ist das Licht. Alle Techniken zielen darauf ab, die Unwissenheit zu zerstören, aber sie enthüllen nicht das innerste Selbst. Das Selbst ist Licht, das Selbst ist der Zeuge!«

Hoch beeindruckt von dieser einfachen und klaren Aussage verneigten sich Dr. Radhakrishnan und seine Freunde ehrfürchtig und verabschiedeten sich von Acharya Shri.

Acharya Shri war mit Verstandesmenschen genauso vertraut wie mit Menschen, die ihn blindgläubig vergötterten. Er nahm ganzen Herzens an den Festzügen teil, die das einfache Volk liebte. Stets wurde er in einer Prozession durch die Hauptstraßen der Stadt getragen. Es wurden Bögen errichtet. Die Strecke wurde mit Fahnen und Blumen geschmückt.

Fast jeder kam, um sein Darshan zu empfangen. Zahlreiche Verehrer gingen die Strecke auf beiden Straßenseiten mit großen Schalen voller Sandelholzpaste entlang und trugen den Verehrern die Paste auf die Stirn auf. Er fuhr in einem geschmückten Wagen, der alle paar Meter anhielt. Die Menschen traten vor, hängten ihm Blumengirlanden um und verehrten ihn auf traditionelle Weise. Von dem dichten Gedränge auf Dächern und Balkonen regnete es ständig Blütenblätter.

Was er von diesem ganzen Rummel hielt, machte er oft deutlich, wie einmal den Bürgern von Kanpur: »Es war nicht nötig, mich so üppig zu empfangen, wie ihr es gerade getan habt. Doch die indische Kultur verlangt, dass der Guru mit höchstem Respekt empfangen und willkommen geheißen wird, und deshalb habe ich nichts gegen all diese Fanfaren und akzeptiere sie. Aber es gibt noch ein größeres

Willkommen, das ihr mir alle bereiten könnt. Ich bin aus dem Himalaya herabgestiegen und verdiene daher vielleicht einen Himalaya-Empfang. Den könnt ihr mir bereiten, indem ihr mir eure Zeit schenkt. Ihr könnt mich willkommen heißen, indem ihr mir euren wertvollsten Besitz schenkt. Was ist euer wertvollster Besitz? Heißt mich damit willkommen.

Meine Erfahrung ist, dass die Menschen ihre Laster über alles andere stellen. Von diesen wollen sie sich um keinen Preis trennen. Kosten spielen dabei keine Rolle. Man ist sogar bereit, für die Befriedigung seines wertvollsten Lasters Beleidigungen und Verletzungen zu ertragen. Bringt mir also eure Laster als Opfer dar. Damit dient ihr mir am meisten. Damit zeigt ihr mir eure Verehrung. Diese Opfergabe nehme ich bereitwillig an. In Kanpur gibt es den Brauch, Opfergaben in Säcken zu bringen. Aber ich bin keiner, der sich mit Rupien und Paisas zufrieden gibt, die sind für mich wie Staub und Kieselsteine. Bringt mir Säcke mit euren Lastern dar.«

✳ ✳ ✳

Es war Mittagszeit, 4. Dezember 1952, in der Canning Lane 7, Neu-Delhi. Der indische Präsident, Dr. Rajendra Prasad, war zum Darshan von

Acharya Shri gekommen. Er erwies ihm seine Ehrerbietung und hörte den Worten Shankaracharyas zu: »In den alten Tagen pflegten die Herrscher in Staatsangelegenheiten den Rat der Weisen einzuholen. Mit dem Reichtum ihrer inneren Erfahrung und ihrem gereinigten Intellekt fanden diese oft wegweisende Lösungen für politische Probleme. Ihr Rat war frei von egoistischen Erwägungen und wurde ohne Furcht oder Vorliebe erteilt, und er kam im Allgemeinen sowohl dem Herrscher als auch der Bevölkerung zugute.

Seit dieser Kontakt zwischen Rajas und Maharishis abgebrochen ist, hat die Verwaltung an Qualität verloren und zu Unzufriedenheit geführt. Ethik und Politik sind keine getrennten Bereiche. Eine Politik, die auf Integrität beruht, ist weitsichtig und bringt nachhaltige Ergebnisse. Wir raten den Bürgern immer, rechtschaffen zu leben, und je rechtschaffener die Bevölkerung, desto leichter ist die Arbeit der Verwaltung.«

Der Präsident hörte ihm mit voller Aufmerksamkeit zu. Als er das Thema Gurutum ansprach, sagte Shankaracharya: »Der Schüler legt seine Lektionen nicht selbst fest. Er braucht einen Lehrer, der das tut. Aus diesem Grund braucht man einen erfahrenen Guru, um die Kunst des Wohlbefindens zu erlernen, die Kunst, ein wirklich glückliches Leben zu führen.«

In diesem Zusammenhang schilderte er einige seiner eigenen Erfahrungen und ergänzte: »Als ich Guru-ji zum ersten Mal in Uttarkashi traf, war meine erste Bitte: ‚Bitte gebt mir das Wissen, das mich unabhängig macht, sodass ich von niemandem etwas erbetteln muss. Später könnt Ihr mir die Höchste Wahrheit erklären.‘ Es ist in der Tat die Gnade meines Gurus, dass ich bis heute vor niemandem meine Hände ausstrecken musste.«

Das Treffen dauerte eine halbe Stunde länger als die geplante Stunde. Erst als Acharya Shri zum Aufbruch drängt, hat ihn Dr. Rajendra Prasad – wohl etwas widerstrebend – verlassen.

⁎ ⁎ ⁎

Es war der 20. Mai 1953. Maharaj Shri war jetzt in seinem dreiundachtzigsten Lebensjahr. Die letzten zwölf Jahre als Shankaracharya von Jyotirmath waren für ihn wahrscheinlich die anstrengendsten gewesen, da er ständig im Licht der Öffentlichkeit stand, hierhin und dorthin quer durch Indien reiste und riesigen Menschenmengen gegenübertrat, die sich endlos drängten, sein Darshan zu erlangen, seine Reden zu hören und den göttlichen Funken zu verehren, den er auf ganz besondere Weise verkörperte.

Seit einiger Zeit war er nicht mehr bei guter Gesundheit. Einfache homöopathische Medikamente wurden ihm verabreicht. Da sie keine Wirkung zeigten, versuchte man es mit schulmedizinischer Behandlung. Ärzte besuchten ihn in Kalkutta, Balliganj 56, Circular Road. Es war 13 Uhr an diesem schicksalhaften Tag.

»Alles ist in Ordnung«, sagte der Chefarzt. »Sein Herzschlag ist in Ordnung. Der Puls ist in Ordnung.«

Als die Ärzte gingen, legte er seinen Kopf auf das Kissen, schloss die Augen und sah sehr entspannt aus. Zehn Minuten später öffnete er die Augen und sagte: »Helft mir auf.«

Er setzte sich auf, kreuzte die Beine und schloss die Augen zum Meditieren.

Um ein Uhr fünfzehn hatte er seinen Körper verlassen.

Die Nachricht verbreitete sich wie ein Lauffeuer in Kalkutta und über ganz Indien. Immer mehr Menschen strömten herbei. Eine Flut von Anrufen und Telegrammen ging durch den

Äther. All India Radio verbreitete die Nachricht von seinem Ableben und gab bekannt, dass der Leichnam für die letzten Riten nach Kashi gebracht würde. Seine Schüler, Verehrer und Bewunderer, von Trauer überwältigt, nahmen jedes verfügbare Transportmittel und eilten nach Kashi, um dem großen Guru die letzte Ehre zu erweisen.

Es gab wohl keinen einzigen bedeutenden Ort und keine größere Stadt in Indien, aus denen niemand den Weg zum Brahmanivas Ashram in Varanasi gefunden hätte. Sie kamen aus Lucknow und Kanpur, aus Allahabad und Indore, aus Jabalpur und Patna, aus Katni und Ettawah, aus Bombay und Nagpur, aus Surat und Ambala, aus Delhi und Agra, aus Dehra Dun und Mussurie, aus Haridwar und Rishikesh, aus Vishwanathpuri und Jyotirmath – ein endloser Zug von Trauernden.

Maharaj Shris Leichnam wurde aufrecht auf einen Lastwagen gesetzt und in einer Prozession unter dem Klang von Glocken und Muschelhörnern, Musik und Hymnen zum Bahnhof von Howrah gebracht. Die Menschenmenge auf der Strecke war so groß, dass es mehr als drei Stunden dauerte, bis der überfüllte Bahnhof erreicht war. Ein speziell geschmückter Waggon wurde an den Delhi Express angehängt, der an diesem traurigen Tag um 21.50 Uhr abfuhr. Eine Gruppe von Gläubigen sang eine Reihe hingebungsvoller Lieder, bis der Zug gegen drei Uhr morgens Mughal Sarai erreichte. Nach einer weiteren Stunde mit dem Auto war man im Brahmanivas Ashram in Varanasi.

Tränen flossen in Strömen, als die Menschen an seinem Leichnam vorbeigingen, sich vor ihm verneigten und ihn mit Blumen der Liebe überschütteten. Viele standen sprachlos und ungläubig da. Sein Leichnam wurde in sein persönliches Zimmer gebracht und gewaschen. Eine Gruppe von Pandits rezitierte Verse aus den Veden. Nach der rituellen Verehrung wurde der Körper auf ein kunstvoll gestaltetes Vimaan gesetzt, das auf einen geschmückten Lastwagen gestellt wurde.

Voran ging die Polizeikapelle und spielte Shehnai, eine wehmütige Tonfolge auf einem eigentlich fröhlichen Instrument. Hinter dem Wagen sangen und tanzten Gruppen.

Sie verabschiedeten ihren geliebten Meister, der auf dem Weg war, den Herrn in einer letzten ekstatischen Umarmung jenseits des Restes von Körperlichkeit zu treffen. Ein Meer von Menschen auf allen Seiten bewegte sich langsam zum altehrwürdigen Dashwamegh Ghat am Ufer des Ganges zu.

Unter dem Gesang vedischer Mantras wurde das Vimaan herabgelassen und in ein großes Boot gesetzt, das sich langsam Richtung Kedareshwar Mahadev bewegte, begleitet von einer Flotte von Booten.

Als sie Kedar Ghat erreichten, wurden die sterblichen Überreste des Zeitlosen in eine speziell konstruierte schwere Steintruhe auf einem anderen Boot überführt.

Sein Kamandalu und sein Dand wurden neben den stattlichen Körper gelegt, und der Sarg wurde geschlossen.

Dann ruderte das Boot zum anderen Ufer. Neben ihm fuhr ein weiteres Boot, das mit Gaslampen ausgestattet war, die jedoch die schreckliche Dunkelheit nicht vertreiben konnten, die den Tränenstrom verbarg, der sich mit dem heiligen Wasser vermischte. In der Mitte des Flusses hielt das Boot an, und die Truhe wurde in den Ganges hinabgelassen.

Brahmachari Mahesh Yogi tauchte mit hinab und blieb in Berührung mit dem kostbaren

Gefäß, bis es schließlich auf dem Flussbett zur Ruhe kam. Ehrfürchtig verbeugte er sich und tauchte wieder auf. Er sah den Schmerz in den Gesichtern der Menschen um ihn herum und fühlte mit ihnen.

Fünf Monate zuvor hatte Acharya Shri ein Testament verfasst und es beim Bezirksnotar in Allahabad registrieren lassen. Dieses Testament wurde vom vorläufigen Vorstand von Jyotir-math geprüft und in Kraft gesetzt.

Am 12. Juni 1953 zur verheißungsvollen Zeit 11:14 Uhr wurde der im Testament ange-gebene Nachfolger unter großen Feierlichkeiten eingesetzt. Shri Swami Shantanand Saraswatiji Maharaj, der seine Amtszeit mit einer Puja an Maharaj Shris Sandalen begann, hielt seither die Flamme vom Shankaracharya hoch, die nur eine subtile Manifestation des höchsten Lichts ist, das kein Ende und keinen Anfang hat.

Shri Swami Shantanand Saraswatiji Maharaj

114

Glossar indischer Ausdrücke

Hinweis zu Aussprache und Betonung
ā – lang; á – betont; â – langbetont
ch – tsch: Acharya – Atscharya;
j – dsch: -ji – dschi
sch – weiches, dumpfes sch: Dikscha, Krischna.
sh – scharfes sh fast wie ß : Srilanka, Shri

Āchârya – spiritueller Lehrer, Meister

Aghôri – Angehöriger einer gefürchteten Sekte, die über besondere Kräfte verfügen soll

Allâhabad – indische Stadt und Pilgerort am Zusammenfluss von Ganges und Yamuna

Âshram – klosterähnliche Anlage in Indien

Badrikâshram – einer der heiligsten Orte im Himalaya

Badrinārâyan – Tempel in der Stadt Badrinah, der Vischnu gewidmet ist

Bányan – Bengalische Feige, Nationalbaum Indiens

Bhāgîrathī – Beiname des Ganges; sein rechter Quellfluss; ein Seitenarm im Gangesdelta

Bhavan – Haus, Gebäude

Brahmachârī – Novize oder Mönch, der ein enthaltsames Leben führt

Brahmâne – Angehöriger der höchsten Kaste, traditionell die Kaste der Priester, Gelehrten und Lehrer der Veden

Brahmniwās – Von Maharaj Shri gegründeter Ashram in Varanasi

Búdhanpur – etwa 200 Kilometer nördlich von Neu-Dehli gelegener Ort in Indien

Chaturmâsya Vrat – heilige viermonatige Periode des Fastens, der Enthaltsamkeit und der religiösen Rituale

Dándī – ein Asket oder Mönch mit einem »Danda«, einem Stab, den Mönche als Symbol für ihr Gelübde tragen

Dándī-Sannyâsī – eine besondere Art von Mönch, der häufig dem Dashanami Sampradaya-Orden angehört

Dándī-Swâmī – ein Swami, dem bei seiner Einweihung ein Stab – ein Danda – verliehen wurde, den er als Symbol für Entsagung und spirituelle Disziplin trägt

Darbhánga – Stadt im Bundesstaat Bihar im Nordosten Indiens

Dárshan – wörtlich »Sehen«, Begegnung mit einem Heiligen, wodurch ein Segen oder spirituelle Gnade empfangen werden kann

Dashashwamêdh Ghāt – Haupttreppe in
Varanasi zum Ganges hinunter in der Nähe
des Vishwanath-Tempels

Daragánj – der älteste Vorort von Prayag,
unweit vom Triveni Sangam am Ufer des
Ganges gelegen

Darbhánga – fünftgrößte Stadt und Gemeinde
im indischen Bundesstaat Bihar

Dhrúva – ein asketischer Verehrer Vischnus,
der in der Vischnu Purana und der
Bhagavata Purana erwähnt wird

Díkschā – Zeremonie bei Eintritt in einen
religiösen Orden, bei der göttliche Energie
und Weisheit vom Guru oder spirituellen
Lehrer auf den Schüler übertragen wird

Dôna – ein kleiner Becher für religiöse
Rituale, oft aus Blättern hergestellt und
nach Gebrauch weggeworfen, was
die Vergänglichkeit materieller Dinge
widerspiegelt

Dráupadī – heldenhafte Prinzessin aus dem
Mahabharata

Gángā – der als heiliger Fluss und weibliche
Gottheit verehrte Ganges

Gangôtrī – berühmter Wallfahrtsort an der

Quelle des Ganges im Himalaya mit dem
Ganga-Tempel

Ghât – eine breite Treppe, die zum Ufer eines
Flusses hinunterführt und im kulturellen
Leben Indiens eine große Bedeutung hat

Gúru-ji – respektvolle, liebevolle Bezeichnung
für den Guru oder spirituellen Lehrer

Gúru-tum – Verantwortungsbereich und
Aufgaben, die einem Guru obliegen

-ji [dschi] – häufiges Suffix am Ende eines
Namens, das liebevollen Respekt ausdrückt

Jyôtirmath – von Adi Shankara gegründetes
Kloster, bedeutendes spirituelles Zentrum

Jyôtishpîth-adhîshwar – »Meister des Sitzes
des Lichts«, Ehrentitel des Oberhaupts von
Jyotirmath

Kamándalu – kesselförmiger Topf, den
Asketen als Wasserbehälter mit sich führen

Kánpur – große Stadt im Bundesstaat Uttar
Pradesh

Káshmir – Region im Himalaya, bekannt für
ihre atemberaubende natürliche Schönheit

Kâshī – anderer Name für Varanasi (Benares)

Kaupîn – Lendentuch, traditionell von Asketen,
Sadhus und spirituellen Suchern getragen

Káuravas – Charaktere aus dem Epos

Mahabharata, Nachkommen von König
Kuru und Hauptrivalen der Pandavas

Kêdar Ghāt – heilige Stätte in Varanasi

Krischna – gilt als Avatar Vischnus, oft als
blauhäutig dargestellt, »krischna« bedeutet
»allanziehend«, »dunkel«, »schwarz«

Kumbh-Mêlā – das älteste und größte religiöse
Fest der Welt, wörtlich »Fest des Kruges«

Lord Râma – Avatar von Vischnu, dessen
Lebensgeschichte im Epos Ramayana
beschrieben wird

Lucknow – Hauptstadt des Bundesstaates Uttar
Pradesh

Madán Mōhán Malavíya – bekannter indischer
Pädagoge, Politiker und Freiheitskämpfer,
führend in der Unabhängigkeitsbewegung

Mádhya Pradêsh – Bundesstaat im Zentrum
Indiens

Mahābhârata – bekanntestes indisches
Epos, das die Ereignisse und Folgen des
Kurukshetra-Krieges schildert

Mahādêv – häufig für Shiva verwendeter Titel,
wörtlich »großer Gott«

Mahārâj – Kurzform für Maharadscha,
wörtlich »großer König«

Mahārúdra Yagya – aufwendiges vedisches

Ritual für Lord Rudra = Shiva

Mahâtma – Ehrentitel, wörtlich »große Seele«

Mánikpur – Name von fünf indischen Städten

Mārwârī – Händler aus dem Volk der Marwari
aus der Jodhpur-Region in Rajasthan

Mughal Sarâi – großer Bahnhof in Uttar
Pradesh in der Nähe von Varanasi

Ôm Namô Nārâyanayê – Om, Verehrung dem
Narayana, dem Erhalter der Welt

Paisa – indische Währungseinheit, eine Rupie
entspricht 100 Paisas

Pándit – vedischer Gelehrter, insbesondere im
Bereich von Religion und Philosophie

Prahlâda – Verehrer von Lord Vischnu,
geschildert in der Bhagavata Purana

Prayâg – früher Allahabad, einer der
wichtigsten Pilgerorte, da sich hier der
Ganges und sein wichtigster Nebenfluss,
die Yamuna, vereinigen, nach mythischer
Vorstellung kommt zudem ein dritter Fluss
hinzu – die unterirdisch fließende Sarasvati

Pûjā – Ritual zur Anrufung des Göttlichen.
Eine Puja umfasst verschiedene Rituale,
Gebete und Opfergaben, um Hingabe und
Dankbarkeit auszudrücken und den Segen
der gewählten Gottheit zu erbitten.

Purnagîrî Dêvī – eine Pilgerstätte im Himalaya, die der Göttin Purnagiri gewidmet ist

Râjā – indischer Ehrentitel, wörtlich König oder Herrscher

Râm Nâm Sátya hai [hej] – Hindi »Herr, Dein Name ist Wahrheit«, oft bei Beerdigungsritualen gesungen

Râma, Lákschman und Sîtā – im Epos Ramayana führen Rama, Lakshman und Sita ein asketisches Leben im Wald und bewältigen verschiedene Herausforderungen

Rûpie – Währung der Republik Indien

Sâdhu – Asket oder heilige Person, die dem Weltlichen entsagt und ihr Leben spirituellen Praktiken, Meditation und dem Streben nach höherem Wissen widmet

Samindâr – Landbesitzer oder Grundherr, insbesondere während der Mogul- und britischen Kolonialzeit

Sanâtan Dhárma Sammêlan – Versammlung zur Förderung spirituellen Wachstums

Sángam – Zusammenfluss, Flussmündung

Saráswatī – Göttin der Weisheit und Gelehrsamkeit

Sârī – traditionelles Kleidungsstück für Frauen

Saryûparin Pánktipawán Gâna Mishra Bráhmin Samindâr Familie – eine sehr angesehene Familie von hoher Abstammung mit langer Tradition

Sarvepálli Radhakríshnan – bedeutender Religionsphilosoph, ein Vordenker des Neohinduismus

Sêth – Geschäftsmann aus der indischen Händler- und Bankierskaste der Seth

Shankarāchârya – Vorsteher von einem der vier großen Shankaracharya-Orden, die Adi Shankara, der Erneuerer der vedischen Tradition des Sanatana Dharma, gründete

Shankarāchârya-Math – spirituelles Zentrum, benannt nach Adi Shankaracharya

Shatmukh Kôti Hômatmak Mahā Yagya – von vielen Pandits durchgeführtes, großes Yagya

Shéhnai – traditionelles indisches Holzblasinstrument

Shíschya – Schüler eine Meisters

Shrî – eine bereits in den Veden vorkommende hoheitsvolle Anrede für Götter, Gurus und Gelehrte, wörtlich »Schönheit«, »Glanz«, »verheißungsvoll«, »glücklich«, »heilig«

Shrīcháran – Ausdruck der Hingabe und des Respekts gegenüber einer verehrten Person

Shrîmad Âdi Shankarāchârya – bezieht sich
auf Adi Shankaracharya, ein Ehrentitel

Sovereign – historische britische Goldmünze

Swâmiji ki jai [dschej] ho! – Hindi »Sieg für
Swamiji« oder »Heil Swamiji«

Tíwari – Name des Autors dieser Biografie

Trivêni Sángam – Zusammenfluss der drei
heiligen Flüsse Ganges, Yamuna und
Saraswati

Upnáyan-Zeremonie – ein wichtiger
Initiierungsritus im Hinduismus

Vārânasī – Benares oder Kashi, eine der
ältesten und heiligsten Städte der Welt
am Ufer des Ganges im nordindischen
Bundesstaat Uttar Pradesh

Veden – die älteste erhaltene sprachliche
Überlieferung indoeuropäischer Kultur

Vimân – Palast oder himmlisches fliegendes
Fahrzeug, das von Göttern, Königen
und Weisen benutzt wurde und in alten
indischen Schriften wie den Veden und dem
Mahabharata erwähnt wird

Yámunā – als heilig verehrter Fluss, wichtiger
Nebenfluss des Ganges in Nordindien

Yamunôtrī – Quelle des Yamuna-Flusses im
Himalaya, gilt als Sitz der Göttin Yamuna

Patañjalis Yoga-Sutra
Yogakraft durch
Samadhi & Sidhis
Jan Müller

336 Seiten
Taschenbuch EUR 18,00
ISBN 9783945004272

Hardcover EUR 24,80
ISBN 9783945004289

Liebe und Gott
Maharishi Mahesh Yogi

67 Seiten
Taschenbuch EUR 9,80
ISBN 9783945004234

Hardcover EUR 14,80
ISBN 9783945004326

Leseproben und Bestellung auf www.alfa-veda.com